Kristine von Soden

Lesereise Backsteinstädte

Kristine von Soden

Lesereise Backsteinstädte

Der Butt, die Baukunst und das Meer

Picus Verlag Wien

Zum Andenken an Bubu

Grafische Gestaltung: Dorothea Löcker, Wien
Umschlagabbildung: © McPHOTO / vario images
Druck und Verarbeitung: Remaprint, Wien
ISBN 978-3-85452-958-3

Informationen über das aktuelle Programm
des Picus Verlags und Veranstaltungen unter
www.picus.at

Inhalt

Als tanzten Sternschnuppen auf den Wellen

Wenn die Ostsee im Nachtglanz leuchtet

Eine Sommernacht, wie man sie nie vergisst. Schwül warm, der Himmel sternenklar. Die Ostsee in stiller Andacht, spiegelblank. Die Strandkörbe haben im Mondeslicht etwas Marmornes. Ihre meterlangen Schatten kühlen den aufgeheizten Sand. Wind und Möwen schlafen. In ruhigem Rhythmus atmet das Dünengras. Vor wenigen Tagen wanderte die Sonne ins Sternenbild des Löwen. Vorhang auf: wolkenloses Azurblau bis zum Horizont. Spät noch gehen wir schwimmen, lassen die Welt, die Zeit hinter uns, schließen für Sekunden die Augen. Ein Hauch von Universum wird uns gewahr, hautnah umspült vom Meereswasser. Denn alles Leben entstammt daraus. Da, plötzlich, unter der Wasseroberfläche ein heller Blitz. Da, noch einer! Und noch einer! Immer mehr! Und während wir uns tragen lassen, einfach nur sind, scheint es, als tanzten Sternschnuppen auf den Wellen. Bläulich, grün schimmernd wie in festliche Perlmuttkleider gehüllt. Hatten wir die kleinsten unter den Meeresbewohnern erschreckt? Auf dass sie ihre Lampen anknipsten und sich in Alarmbereitschaft versetzten? Meeresbiologen sprechen von »Biolumineszenz«. Einzeller, zum Beispiel Dinoflagellaten, sind wahre Lichtkünstler, können kurzfristig körpereigene Leuchtstoffe produzieren. Anders aber als bei unseren Glühbirnen, wo fünfundneunzig Prozent der Energie in Wärme verjuxt werden, wandelt sich bei den Meereswinzlingen die Energie komplett in Licht, welches folglich »kalt« ist. Finger verbrennen sich daran nicht.

Im Leibniz-Institut für Ostseeforschung in Warnemünde (es ging 1992 aus dem Institut für Meereskunde an der Akademie der Wissenschaften hervor) kann man eine Menge über das Meeresleuchten erfahren. Zum Beispiel, dass die meisten Tiefseelebewesen Leuchtorgane besitzen, um Beute anzulocken oder auszuspähen. Anglerfische sind dafür berühmt. Ihr Name rührt daher, dass oberhalb ihres Riesenmauls ein angelähnliches dünnes Flossenüberbleibsel steckt, besetzt mit lumineszierenden Bakterien, was wie eine kuriose Unterwasserbootlaterne aussieht. Ahnungslose Meereswesen, die sich dem Licht in der Hoffnung auf einen leckeren Gabelbissen nähern, verschlingt der Anglerfisch indes schwuppdiwupp selbst. Dabei dreht es sich ausschließlich um Damen, männlichen Anglerfischen hat der liebe Gott jede Leuchtkraft verwehrt. Unzählige Quallen, Tintenfische, Würmer und Krebse senden Lichtstrahlen aus. Meeresleuchten in flachen Küstengewässern wie am Ostseestrand geht jedoch von mikroskopisch klitzekleinen Algen aus. Auch die Meeresleuchttierchen namens Noctiluca scintillans schenken der Ostsee schillernden Glanz. Vorwiegend jedoch halten sich diese Lichtmacher in der Nordsee auf, wegen des höheren Salzgehalts. Rund fünfunddreißig Gramm Salz pro Liter gibt es um die nordfriesischen Inseln herum. Im Kattegat vor der Haustür der Ostsee, zwischen Jütland und der schwedischen Westküste, beträgt der Salzgehalt zwanzig Gramm. An der Lübecker Bucht sinkt er auf fünfzehn Gramm ab, bis er an der Darßer Schwelle vor Rostock weniger als zehn Gramm pro Liter ausmacht. Wer je von der Sylter Brandung einen kräftigen Schluck abbekam, kennt den Unterschied zum mild gesalzenen Ostseestrand.

Und überhaupt: Nordsee und Ostsee! So verschieden ihre Würze, ihre Luft, ihr Wind, so völlig anders ist auch, was sie innerlich bewegt. Gezeiten, die die Nordsee beherrschen, finden sich an der Ostsee nicht. Flutwellen, die aus dem Ärmelkanal und aus Schottland im Sechs-Stunden-Takt an die nordfriesische Küste rollen (an die ostfriesische Küste auch, der Einfachheit halber – *Moin! Moin!* – sparen wir die hier aber aus), werden vom Kattegat gestoppt. Die Flut erreicht somit gar nicht erst die Ostsee. Im Gegenzug läuft folglich auch kein Wasser ab, weshalb von Grömitz bis Usedom keine Ebbe entstehen kann. Das Gute daran: Gäste, die schlechte Laune haben, weil das Wasser »weg« ist, sind den Ostseebädern fremd. Eingefleischte Nordseefans stört umgekehrt die ständige Meerespräsenz. Verrät sie doch, dass das Wasser, um im Bild zu bleiben, steht. Und in der Tat wird die Ostsee nur selten aufgefrischt. Ihre Verbindungswege zur Nordsee sind schlichtweg zu eng. Dreißig bis vierzig Jahre dauert es, bis das Ostseewasser einmal vollständig ausgetauscht wird. Entsprechend lange halten sich Schadstoffe darin auf. Und da die Ostsee ein Binnenmeer ist, zerstören Abwässer und Abfälle ihr Ökosystem weitaus empfindlicher noch als in offenen Meeren.

Neun Industriestaaten umschließen die Ostsee, zweihundert Flüsse münden in sie, siebzig Millionen Menschen leben in ihrem Einzugsgebiet, fünfzigtausend Schiffe benutzen die Ostsee jährlich als Transportweg, russische Öltanker noch gar nicht mitgezählt. Wie selbstverständlich wird sich von allen Seiten an der Ostsee bedient: mutet man ihr schlimmste Giftinjektionen zu, überfischt man sie, baut man Brücken für den wachsenden Verkehr über sie, lässt man fremde Kapitäne ohne Lotsen durch die Gewässer navigieren. Und wenn in der Hochsaison mal wieder die Algen blühen und den Ostseestrand mit ihrer Schaum-Auslegware wenig erquicklich zieren, freuen sich die Medien über eine quotenträchtige Meldung im Sommerloch. Derweil sich manch einer in seinem Wellnesshotel verwöhnen lässt. Wozu draußen baden? Gesund durch Wasser, sanus per aquam, abgekürzt SPA, funktioniert auch drinnen. Die wohltuenden Angebote, darunter sogar Sauerstofftherapien, seien jedem von Herzen gegönnt. Desgleichen ein Vitalcheck, mit dem sich herausfinden lässt, wie es um die eigenen Ressourcen bestellt ist. Nur: Sauerstofftherаpien bräuchte die Ostsee auch. Mehr als dringend sogar. Denn ihre Vitalchecks, die Meeresbiologen regelmäßig vornehmen, bestätigen ständig neu: Auf einer Fläche in der Größe von Bayern existiert in der Ostsee wegen Sauerstoffmangels kein Leben mehr! Jochen Lamp, Leiter des WWF Projektbüros Ostsee in Greifswald, prägte für diese Bilanz 2008 den Begriff »Todeszonen«. Im Schlepptau von Industrie und Landwirtschaft und boomendem Tourismus kamen die ersten vor einem halben Jahrhundert auf. Seitdem breiten sie sich aus, was für viele Ostseefische heißt, dass ihnen unzählige Nahrungsmittel fehlen, die vorerst auch nicht wiederkehren. Ein Heilmittel gegen die Luftnot der Ostsee ist sauerstoffreiches Nordseewasser. In den vergangenen Jahren strömte es jedoch nur sporadisch, wie Statistiken zeigen, in die Ostsee hinein. Umso wichtiger wäre ein striktes Verbot, weiterhin Schadstoffe ins Baltische Meer zu leiten. Das indes bleibt frommer Wunsch, solange der Wahn vom grenzenlosen Haben, Haben, Haben unseren Alltag durchdringt. Normalerweise müssten wir die Ostsee um Benutzungsrechte bitten, sie hegen und pflegen und ihr zum Dank für die Meeresfrüchte, die sie uns schenkt, mit Ehrfurcht begegnen. Auch eine Rückkehr zur Bescheidenheit wäre nicht falsch. Altmodische Vokabeln?

Während wir ans Ostseeufer zurückschwimmen, stellen wir uns kilometerlange Lichterketten in der Ostsee vor – Warnblinken ihrer weisen Meeresbewohner, die daran gemahnen, dass die sonnenreichste Küste Deutschlands wie die Würde des Menschen unantastbar zu sein hat. In diesem Moment funkeln die Perlmuttkleider der Sternschnuppen auf den Wellen besonders hell, bläulich, grün, silbern. Vielleicht flirtet die Ostsee gerade mit einem Seepferdchen, das sich in ihre Nähe verirrte. Oder lauscht den Gesängen der Buckelwale in weiter Ferne – glücklich, dass es sie gibt.

Unter meergrünen Helmnadeln

Zwischen Lübecker Giebelhäusern

»Ein Fotograf gerät auf den Einfall, in der alten Stadt Lübeck nicht die Kunstwerke von Rang, sondern jenes schmückende Beiwerk zu knipsen, das der guten Laune von Meistern und Gesellen dreier gotischer Jahrhunderte entsprang. Er steigt auf hohe Leitern und holt sich drollige Figuren von den Gewölben, er nimmt die hölzerne Lebewelt des Chorgestühls unter die Lupe und entdeckt allerorts heimliche Fabulierlust, herrliche Ornamentik und mancherlei Späße.« Nur Lübeckern, wenn überhaupt, wird jener Fotograf ein Begriff gewesen sein, der 1936 im Ullstein Glanzmagazin *Die Dame* so köstlich beschrieben wird. Außerhalb der Hansestadt – und daran hat sich bis heute nichts geändert – kannte kaum einer diesen Mann, der sich Löwenreiter und Narren, Fabeltiere und hockende Konsolmännlein, böse Weiber und friedliche Kerzenhalter vor die Linse setzte, um sie zu fotografieren. Doch genau das war es, was Wilhelm Castelli reizte, als er die Lübecker Backsteinkirchen mehrere Jahre lang mit seiner Leica abklapperte. Hunderte von Aufnahmen mittelalterlicher Kleinskulpturen und Zierstücke am Gestühl, an Orgeln, an Altären verwahrte er in seinem Negativarchiv. Und keine noch so bizarre akrobatische Verrenkung war ihm zu mühsam, um im Lübecker Dom, in St. Marien, in St. Jacobi oder im alten Burgkloster jene Motive einzufangen, die der Kirchenbesucher nicht sieht oder nicht sehen kann. Eine zeitgenössische Collage zeigt den Besessenen in einem Kirchenschiff in fünf Positionen gleichzeitig vor seinem Stativ auf Mauervorsprüngen und obersten Leitersprossen im Einsatz. Und tatsächlich waren mitunter bis zu zwölf Meter hohe Spezialgerüste erforderlich, um bestimmte Details oder Perspektiven in den Blick zu bekommen. Der Berliner Rembrandt Verlag brachte die Früchte dieser Pionierleistung, die *Die Dame* so erfrischend würdigte, 1936 unter dem Titel »Fabelwelt des Mittelalters« heraus. Das Buch gilt seither als eines der besten zur Lübecker Kunstgeschichte. Leider ist es längst vergriffen. Und antiquarisch eine kostspielige Rarität.

Der Lübecker Drogistensohn, er war Jahrgang 1901 und hatte die Münchner Fotoschule mit einem glänzenden Abschluss absolviert, lichtete nicht allein die gotischen Innenwelten Lübecks ab. Der »Schmalfilm-Spezialist« kannte die Altstadt wie seine Westentasche, war in allen ihren Ecken und Winkeln unterwegs, fotografierte die Fischstraße, den Bäckergang in der Engelsgrube, die Stiftshöfe, die Salzspeicher, das Holstentor. Wilhelm Castelli fotografierte die verträumten stillen Stadtgärten oder auch die Altstadtdächer unterhalb der meergrünen Helmnadeln auf den Doppeltürmen von St. Marien, und er fotografierte ungezählte Giebelhäuser mit ihren spitzbogigen Blendnischen, aufgereihten Zwillingsfenstern in jedem Geschoss und dem treppenartigen Giebelschmuck. Fremden waren noch bis ins 17. Jahrhundert hinein diese »stattlichen starcken Steinhäuser« oder aus »gebackenen Steinen« gebauten Gemäuer sofort ins Auge gefallen. Aus zunächst praktischen Gründen waren sie entstanden und aus der Not heraus geboren. Denn nach der Gründung Lübecks 1143 auf der ovalen muschelförmigen Halbinsel am Unterlauf der Trave, hatten zwei Stadtbrände verheerende Schäden angerichtet und die meisten Fachwerkhäuser niedergebrannt. Eine Ratsverordnung schrieb daraufhin vor, nur noch Stein als Baumaterial zu verwenden. Und da es an Naturstein aus Sand oder Kalk in der näheren Umgebung gemangelt hatte, wurden die berühmten Ziegel gebrannt.

Wilhelm Castelli fotografierte ausschließlich in Schwarz-Weiß. Banausen könnten einwenden, dass das Ziegelrot dadurch seine Aura verliere. Stimmt aber nicht. Denn indem Castelli seine Aufnahmen meist bei wolkenlosem oder nur leicht bewölktem Himmel machte und immer mit den Strahlen der Sonne spielte, schimmern aus seinen Backsteinbildern die vielen unterschiedlichen Rottöne heraus, die mal ins Helle, mal ins Dunkle gleiten, mal voller Einsprengsel sind, mal glatt oder porös oder wie mit puderigem Rouge geschminkt. In Wirklichkeit ist es übrigens am schönsten, wenn man nach einem Sommergewitter durch die Lübecker Altstadt spaziert. Dann nämlich ist »Backsteinzeit«, wie die alten Lübecker sagen, fangen die Fassaden erst richtig an zu leben, reflektieren die Regentropfen, welche Kraft das majestätische Rot in sich birgt, welche Wärme es verströmt, welchen Schutz es gewährt. Die Farben der Hanse waren weiß und rot. Lübecks Hanseflagge hatte zwei breite Streifen, den oberen in Weiß, den unteren in Rot. In Weiß spinnen die Mauerfugen ein feines lineares Netz über das Backsteinrot.

Die Lübecker Kaufleute sprachen sich von Anfang an für den Bautyp des Giebelhauses aus, nachdem der Backstein ihre Stadt erobert hatte. Und auch das fiel Fremden auf. Beispielsweise Fontane. Lübeck bewahre noch seinen mittelalterlich »gothischen Charakter«, bemerkte er, selbst unter den neuen oder neu erscheinenden Häusern trügen viele noch den »Zackengiebel nach vorn«. Auch der dänische Märchendichter Hans Christian Andersen war nach Lübeck gereist. Zwischen den »spitzgiebeligen Häusern« in den steil abfallenden Straßen und in der Erinnerung, die ein historisches Gewand über das Ganze werfe, glaubte er sich »um Jahrhunderte in der Zeit« zurückversetzt. Mit dem Aufstieg der Hanse, als deren »Königin« Lübeck das Zepter über Jahrhunderte hinweg in ihren Händen hielt, wurde die Backsteingotik zum dominierenden Stil in der ältesten Ostseestadt und der »lübische Staffelgiebel« zum vorherrschenden Geschmack – in einer Formenvielfalt, doch zugleich auch städtebaulichen Geschlossenheit, die unübertroffen blieben und Lübeck als die schönste unter ihren Schwestern auswiesen. Jedes Giebelhaus war ein Unikat, verkörperte Besitz und Ansehen und strahlte den Eigensinn ihrer Bewohner aus. Viele der Häuser versanken Palmarum 1942 unter den britischen Bomben im Nichts, das Quartier der Patrizier aus der Ära der Hanse wurde komplett ausradiert. Das mittelalterliche Straßenraster mit seiner Blockrandbebauung, wie es unter Kunsthistorikern heißt, blieb von dem Angriff erstaunlich unberührt. Als Gesamtensemble wurde die Lübecker Altstadt 1987 zum Weltkulturerbe erklärt – ein erfreuliches Prädikat, jedoch lässt es mehr und mehr vergessen, dass man den historischen Stadtplan, ein viel gerühmtes Denkmal der Hanse, beim Wiederaufbau gründlich missachtete und den gebrannten Größen von einst anmaßend banalen Beton vor die Nase geknallt hat.

Zurück zu Wilhelm Castelli. Ihn erkannte man damals in der Stadt an seinem schwarzen Tuch, unter dem er sich als Lichtschutz beim Fotografieren verkroch, ebenso an seinen ungewöhnlichen Sichtweisen, die er bei der Motivauswahl einnahm. Ähnlich wie in der mittelalterlichen Fabelwelt der Lübecker Kirchen, spürte er auch draußen auf der Straße dem Verborgenen nach, verzichtete er auf überbetonte Beschönigungen oder einen künstlich geschaffenen optischen Effekt. Inspiriert von der Neuen Sachlichkeit zeigte er an Fassaden und Giebeln die klaren geometrischen Strukturen zum Beispiel der spitzbogigen Doppelluken, kunstvollen Fugen, Türlaibungen, Blendmustern oder der bis ins Erdgeschoss hinunterreichenden hohen Dielenfenster in den ehrwürdigen Lübecker Kaufmannshäusern. Vor allem in der Mengstraße bot sich Castelli dazu reichliches Material, fotografierte er ganze Serien vom Schabbelhaus oder vom heutigen Buddenbrookhaus, wo Thomas Manns Großmutter einst residiert hat. »Man saß im ›Landschaftszimmer‹ im ersten Stockwerk«, hören wir den Literaturnobelpreisträger erzählen, »die starken und elastischen Tapeten, die von den Mauern durch einen leeren Raum getrennt waren, zeigten umfangreiche Landschaften, zartfarbig wie der dünne Teppich, der den Fußboden bedeckte – Idylle …«

Und während wir Castellis Fotos weiter durchblättern, die er im Postkartenformat in der von seinem Vater geerbten Lübecker Drogerie in Zehnerpacks verkaufte (mit Glück kann man sie noch hier und da in Lübecker Antiquariaten erstehen!), sind Stimmen auch von Diplomaten, Gesandten, Gelehrten, die zu allen Epochen nach Lübeck gereist waren, zu hören. Lübecker trügen »dick gehäkelte Halskrausen«, amüsierte sich etwa ein Franzose, sie wandelten bedächtig und bewegten ihre Häupter kaum, da diese in eben jenem »Halsputz« versenkt seien. Ein Engländer entdeckte in der von Ratsherren »aristokratisch regierten« Stadt etliche Bürgerhäuser mit – very nice! – Londoner Tischen, Schränken und Stühlen »von Mahagoniholz aufgeputzt«. Einen Schweden beeindruckte in St. Marien die Astronomische Uhr. Jedes Mal, wenn sie zwölf schlägt, schrieb er in seinem Tagebuch, kommen zwölf Bilder gleichsam von selbst aus der Altartafel hervor. Dass man in Lübeck noch spätabends ohne Laterne auf der Straße sein darf, deutete ein Notar als Hinweis auf eine »wahrscheinlich ungezwungene« Lebensart. Staunen musste ein Reisejournalist am weiträumigen Markt, werde dieser doch von einer »ungeheuren Steinmasse« aus Rathaus, Börse und Waage eingefasst! Hinter den Rathausarkaden sah er in offen stehenden Eingängen mancher Bürgerhäuser, die »sehr viel Heiteres« hätten, spiegelblank geputzte Marmorböden. Und von den Patrizierkaufmannshäusern zeichnete er reich geschmückte Portale des Barock, der Renaissance und des Rokoko in sein Skizzenbuch. Verwundert reagierte ein anderer auf die Lübecker Dielen, »gepökelte Schweine und getrocknete Fische« würden da von der Decke herabhängen, »Schüsseln und Schalen und sonstige Speisebehälter« auf dem Boden stehen! Lübecks besondere geografische Lage am Wasser hoben nautisch Ambitionierte hervor. Es schenke der Stadt einen ganz außergewöhnlichen Umriss, so meinte ein Hamburger, und gebe ihr die Verlockung über sich selbst hinaus. Vom Blick der Möwen aus kreuzen sich über der Hansestadt drei Achsen mit nahezu geometrischer Genauigkeit, erklärte ein Kartograf, die eine verbindet Oslo mit Nürnberg, die andere Stockholm mit Köln, die dritte St. Petersburg mit Antwerpen. Schiffe »von mäßiger Ladung« fuhren auf der Untertrave bis dicht in die Stadt, teilte ein Fernhändler mit, für alle größeren war Travemünde der Ankerplatz.

Das Haus der Schiffergesellschaft von 1535, so verraten an der Giebelfassade die goldenen Jahreszahlen, lockte alle Lübeckbesucher (wie auch heute noch!) an. Unter riesigen Messingkronenleuchtern mit Kerzenlicht trafen sich in der riesigen Diele die welterfahrenen alten Kapitäne, »rapportierten« sie an den langen Holztischen von ihren Abenteuern um Kap Hoorn, schlichteten sie nach dem hansischen Seerecht von 1614 Zwistigkeiten, wurde mit Lübecker *Rotspon* (aus Frankreich in Holzfässern angelieferter Bordeaux, der in Lübeck zur Flaschenreife gelangt), Bier oder Korn bis in die frühen Morgenstunden Seemannsgarn gesponnen.

Auf Wilhelm Castellis Fotos, darunter auch vom Giebelhaus der Schiffergesellschaft, sind nur selten Menschen zu sehen, was seinen besonderen Respekt vor den Leistungen der Lübecker Baumeister zum Ausdruck bringt. Nur ein einziges Mal wurden damals Arbeiten von ihm in einer Ausstellung gezeigt, 1929, im Jahr des großen Börsenkrachs, im St. Annen-Museum. Hier, im kunsthistorischen Museum der Hansestadt, einem der schönsten in Deutschland, war man gerade dabei, eine Sammlung zeitgenössischer »Lichtbildner« aufzubauen. Die Direktion gewann Castelli als Museumsfotografen. Daraus entwickelte sich eine lebenslange Zusammenarbeit. Als der Siebzigjährige seine Profifotografie an den Nagel hing, erwarb das Museum seinen Nachlass. Die Originalabzüge und Glasnegative aus den Jahren vor 1942 fehlen allerdings. Castellis Drogerie mit dem eigenen Fotolabor und Negativarchiv inmitten der Lübecker Altstadt wurde wie die Kirchen und Giebelhäuser, die er seit den frühen zwanziger Jahren fotografiert hatte, beim britischen Luftangriff zerstört.

Zur Erinnerung an Lübecks Bildchronisten richtete das St. Annen-Museum 2002 eine Retrospektive aus: »Lübeck, schwarz-weiß«. Es waren Bilder aus dem alten Lübeck, dem untergegangenen Lübeck und jenem »modernen«, das man in Bombenlücken gepflanzt hat. Dabei prägten sich uns am Ende vor allem Castellis Fotos von den Lübecker Dielen ein – jenen typisch »lübischen« Orten der Repräsentation, des Handels und des häuslichen Lebens, die schon immer zu den teuersten Juwelen der Stadt zählten. Ursprünglich dienten die Dielen als Warenlager und Arbeitsstätte und beherbergten als Mittelpunkt des Hauses Küche und Herd. Später verzauberte man den über zwei Geschosse reichenden hohen großzügigen Raum mit barocker Treppe und umlaufender Galerie in Dielen für Empfänge, für Feiern, für Festessen.

Im Winter 2008 hatten Archäologen der Kieler Universität in der Lübecker Altstadt über eintausendsechshundert Wandmalereien und Deckenfresken in Giebelhäusern freigelegt: Ornamente, Blumengirlanden, Heiligenbilder, biblische Szenen, Landschaftsdarstellungen mit Motiven aus der Mythologie. Die ältesten datierten sie auf das Jahr 1250, die jüngsten auf die Zeit um 1800. Sie wurden überputzt, übermalt, übertapeziert. Die Funde gelten als die größten ihrer Art in Europa.

Und es gibt in den Lübecker Giebelhäusern noch viel mehr, sind sich die Forscher und Denkmalpfleger gewiss. Wilhelm Castelli wäre genau der Richtige, um diese Kunstschätze zu dokumentieren.

Edle Tropfen zum Butt

Nur beim Lübecker Nachbarn von Günter Grass

Am Anfang war der Wein. Strohgelb. Duftend nach zartem Wiesengras. Würzig im Geschmack. Ein Verdicchio dei Castelli di Jesi, ausgebaut von Mario und Giorgio Brunori. Das feine Weingut von Vater und Sohn gilt als beste Adresse in der Region, ihr Verdicchio als bester Italiens. Der edle Tropfen wird jung getrunken. Mundet zu Antipasti, zu Schalentieren, zu Fisch. Im Abgang zeigt er eine angenehme Fülle – passend zum Butt. Zum Butt? »Ja«, sagt Kurt Thater, »den habe ich zusammen mit Herrn Grass ausgesucht!« Und fügt kurz und knapp hinzu, als sei es das Normalste der Welt, dass der Literaturnobelpreisträger eines schönen Abends »mit dem Butt« unterm Arm in seiner Weinhandlung stand. Nein, nicht mit dem Roman, der mit dem wunderbaren Satz beginnt: »Ilsebill salzte nach.« Sondern mit einem Etikett, auf dem ein rechtsäugiger Butt zum linken Bildrand schwimmt, darunter in geschwungener Handschrift: »Der Wein zum Butt!« Die beiden Männer hatten sich nämlich eine besondere Edition ausgedacht – anno 2002, als das Grass-Haus in der Glockengießerstraße 21 in der Lübecker Altstadt eröffnet worden war. Man merke sich die Hausnummer, denn um sie kreist jene Geschichte, die Kurt Thater, der wie ein Nordlicht spricht, obwohl er Düsseldorfer ist, gern erzählt. Wobei »gern« leicht übertrieben ist. Der Nachbar von Günter Grass, der um die sechzig sein mag, bevorzugt hanseatisches Understatement, sympathisch und charmant. Und so nähern wir uns während der vorzüglichen Verkostung Schluck für Schluck der Story an, passend zu zwei weiteren edlen Tropfen mit den Etiketten »Langsam trinken« und »Mit Bedacht«, die Günter Grass 2003 in Anspielung auf sein »Tagebuch einer Schnecke« (1972) mit eben diesem Weichtier gezeichnet hat.

1995 war es, als Günter Grass sein Büro von Berlin nach Lübeck verlegte, »wegen Danzig, Thomas Mann und Willy Brandt!«, hatte er erklärt. Außerdem erinnerte ihn die Backsteingotik, die in Lübeck zur Zeit der Hanse ihren Ausgang nahm und sich von dort aus über Wismar, Rostock, Stralsund, Greifswald bis hoch nach Danzig ausgebreitet hat, an die Ziegelarchitektur in seiner Geburtsstadt. Mit siebzehn Jahren musste Grass das bald polnische Gdańsk verlassen. Die meisten seiner Bücher, allen voran die »Danziger Trilogie«, widmete er der untergegangenen Stadt. In der Glockengießerstraße 21 landete er mehr oder weniger durch Zufall. Seinen Wohnsitz hatte Grass damals schon in der Nähe von Lübeck am Behlendorfer See, einem bildhübschen Fleckchen Erde, wo er noch heute zusammen mit seiner Frau Ute lebt. In seinen »Fundsachen für Nichtleser« (1997) gewährt der

Wortmaler Einblicke in das schleswig-holsteinische Paradies – »Aquadichte« nennt er seine mit farbigen Pinseln in Aquarelle geschriebenen Zeilen. Und immer schon sind diese voller Anspielungen auf Vergangenes, enthalten aber eben auch »Fundsachen« aus seinem Haus, seinem Garten oder verborgene Leidenschaften: »Meine kleinste Kammer / will ich mit Gedichten tapezieren …«

Günter Grass suchte 1995 einen Standort für sich in der Stadt. Und so kam es, dass er in jenem Jahr in die Glockengießerstraße 21 einzog, derselben Adresse, wo Kurt Thater seine Weinhandlung betrieb. Die Räumlichkeiten von Grass in dem eher unauffälligen Lübecker Haus lagen hinter der Diele und im oberen Stock, das Wein-Castell war vorn im Parterre untergebracht. Der Dichter und der Weinkenner verstanden sich auf Anhieb sehr gut. Und als Günter Grass 1999 in Stockholm mit dem Literaturnobelpreis ausgezeichnet wurde, reiste Kurt Thater als persönlich geladener Gast mit – »als Einziger aus Lübeck«! Kurz darauf entschloss sich die Kulturstiftung der Stadt, zu Ehren ihres prominenten Mitbewohners ein Grass-Haus zu gründen. Wo? In der Glockengießerstraße 21! Das bedeutete Umbau, Anbau, Mauerdurchbrüche und sonstigen Tumult. Günter Grass machte zur Bedingung, dass er dem nur zustimmen werde, wenn Thaters Weinhandlung bleibe. Nach dem üblichen Hin und Her, das solche Projekte begleitet, waren 2001 die Würfel gefallen. Auf Kosten der Stadt zog Kurt Thater in die leer stehenden Geschäftsräume in die Glockengießerstraße 19 nebenan und richtete dort »seitenverkehrt« sein Wein-Castell neu ein. Um ein Haar hätte er auch sein Weinlager im Keller der Glockengießerstraße 21 räumen müssen. Wie so oft zur Mittagsstunde, trank Günter Grass bei ihm mal wieder einen portugiesischen Wein, als er meinte, »Herr Thater, der Keller gehört aber mir!« Kurt Thater zuckte kurz zusammen, »Herr Grass!« Und gab höflich zu bedenken, dass jenes feuchte Gewölbe aus dem 12. Jahrhundert zur Aufbewahrung seiner Zeichnungen nicht wirklich geeignet sei. »Gut, dann behalten Sie meinen Keller! Dafür darf ich bei Ihnen Pfeife rauchen!« Ein Superdeal. Und so durchweht zuweilen eine leichte Tabaksbrise das Wein-Castell, wo ansonsten absolutes Rauchverbot herrscht.

Pünktlich zur Eröffnung des Günter-Grass-Hauses im Herbst 2002 feierten Grass und Thater ihre erste gemeinsame Edition mit besagtem Verdicchio »zum Butt« und als Pendant einem eleganten Barbera del Monferrato aus dem Piemont, für den Günter Grass das Etikett »Der Butt will schwimmen!« schuf.

Jahr für Jahr kommt seitdem eine neue Grass-Edition mit jeweils zwei Weinen, einem weißen und einem roten, bei Kurt Thater heraus – wie immer zusammen mit Günter Grass ausgesucht, die meisten aus den Marken, Sizilien oder dem Friaul, aber auch Weine aus Spanien, Frankreich und Portugal. Die kunstvollen wie auch inhaltlich starken Flaschen gibt es nirgendwo sonst auf der Welt. Nur in

Lübeck bei Kurt Thater im Wein-Castell. Aus ganz Deutschland, aber auch aus Holland oder Belgien werden die Editionen bestellt, zum Beispiel von Galerien, die zu Grass-Ausstellungen gern den »Butt« oder auch die »Kröte« ausschenken wollen. Letztere zeichnete Grass 2005 auf ein Etikett mit den Aufschriften »Diese Kröte will geschluckt werden« und »Diese Kröte kann man schlucken«. Beide Varianten sind Unkenrufen zufolge auch als Geschenk von Sekretärinnen an ihre Chefs sehr beliebt.

Ein wieder anderes Publikum spricht die »Rättin« an – und wenn man bis dahin noch nicht das Grass-Haus eine Tür weiter besucht hat, tut man dies nun. Denn die Zeichnungen auf den Etiketten machen neugierig, den Grafiker und Bildhauer Günter Grass näher kennenzulernen. Und weiter: anhand seiner Plastiken, Radierungen, Lithografien zu Plattfisch, Ratten, Kröten, Krebsen nachzuspüren, wie daraus auf der Tastatur seiner Olivetti Lyrik und Prosa erwächst. »Ich bin gelernter Bildhauer und Grafiker, als Autor bin ich Autodidakt«, heißt ein Bekenntnis von Grass. Am Anfang war demnach die bildende Kunst, dann erst kam das Wort. Zumindest beim »Butt«. Lange bevor er sein siebenhundert Seiten langes Märchen als Roman niederschrieb, zeichnete Günter Grass, wie er 1979 schrieb, den Plattfisch »mit dem Pinsel, mit der Rohrfeder, mit spröder Kohle und mit weichem Blei«. Und als der Plattfisch zu sprechen begann, fertigte er wiederum Radierungen an, die den epischen Stoff erweiterten.

Zu Kurt Thater kommen viele Grass-Haus-Besucher. Die einen, weil sie mit einem exquisiten Wein ihre Eindrücke sacken lassen wollen. Andere lockt an, dass »Münte« schon mal da war, Schröder sowieso und dass Kurt Thater die ganze Familie von Günter Grass kennt, selbst den Hund. Der Nachbar von Grass ist aber verschwiegen wie ein Grab. Seine Lübecker Stammgäste, ein illustrer Kreis genussfreudiger Rechtsanwälte, Banker, Kaufleute, wissen das. Und so *schnackt* man denn lieber über Gott und die Welt – »Bis früh der Hahn kräht«, so der Spruch auf dem einzigen farbigen Etikett von Günter Grass. Ausgewählt für zwei Tropfen aus dem Edelweingut Plozner im Friaul: der weiße fruchtig-elegant, der rote jugendlich-feurig. Zum Wohl!

Ein Marzipan-Café auf der Ostsee

Samtweiche Kindheitsträume

Es waren höchstens drei oder vier. Mehr nicht. Ganz bescheiden. Wie überhaupt jene frühen sechziger Jahre, als man noch alte Wollsachen auftrennte, Säume zum Verlängern in Röcke und Ärmel nähte und sich gute Butter, wenn überhaupt, nur feiertags leistete. Die mit Kakaopulver bestäubte zarte Nascherei, um die sich geheimnisvolle Märchen aus Tausendundeiner Nacht rankten, war für uns Kinder eine Kostbarkeit. Denn es gab sie nur während der Adventszeit. Nicht wie heute immer und überall. Am Abend vor Nikolaus stellten wir unsere Schuhe ins Treppenhaus. Auf den Moment hatten wir uns wochenlang gefreut! Denn wir wussten, nein, hofften, drückten die Daumen, dass es endlich wieder Marzipankartoffeln geben wird! Jahr für Jahr geschah das auch. In Schlafanzug und Nachthemd schlichen wir morgens, wenn unsere Eltern noch schliefen, auf leisen Katzensohlen über den kalten Flur zur Haustür, öffneten sie so, dass kein Mucks zu hören war und schauten nach. Juchhu! – Psst! Und schon verschwand die erste Marzipankartoffel, zwischen Tannenzweigen, Strohsternen und Mandarinen zielsicher herausgefischt, im Mund. Die anderen Marzipankartoffeln wanderten mit ins Bett. Augen zu. Schmatzen. Lippen ablecken. Und nur noch träumen. In dulci jubilo …

Sofern der Nikolaustag zwischen Montag und Freitag lag, wurden die Gaben (oder was von ihnen übrig geblieben war) auf dem Schulweg getauscht: Honigkuchen gegen gefüllte Schokoladenkringel, Spekulatius gegen Vanillekipferln, Marzipanbrot gegen Marzipankartoffeln. Dabei schmeckten wir bereits als Fünftklässler heraus, dass Marzipan nicht gleich Marzipan ist! Die exakt vorgeschriebenen Bestimmungen, wann welche Nomenklatur wofür benutzt werden darf, war uns Kindern natürlich kein Begriff, also dass es Marzipan, Edelmarzipan, Lübecker Marzipan, Lübecker Edelmarzipan und Niederegger Marzipan gibt, und sich alles um das – gute oder weniger gute! – Verhältnis zwischen Mandeln und Zucker dreht. Und das fängt schon bei der Rohmasse an. Zur knappen Hälfte, nämlich mindestens achtundvierzig Prozent, muss diese aus Mandeln bestehen, legt ein gesetzlicher Rahmen fest, der Zucker hingegen darf nicht mehr als fünfunddreißig Prozent auf die Waage bringen. Mit dem Namen der Hansestadt darf sich ferner nur adeln, wer auch in Lübeck produziert. Und für den Zuckerstreuer gilt: Je sparsamer damit in der weiteren Verarbeitung umgegangen wird, desto feiner die Qualität. Abgesehen vom kratzigen Konsummarzipan, das wir hier nicht weiter unter die Lupe nehmen, ist es Lübecker Marzipan, wenn der Rohmasse zusätzliche dreißig Prozent Zucker beigefügt sind. Bei nur zehn Prozent, mithin einer deutlichen Qualitätssteigerung, steht Lübecker Edelmarzipan auf dem Etikett. Niederegger leistet sich, gänzlich ohne zusätzlichen Zucker auszukommen, sodass das Marzipan ausschließlich aus Rohmasse besteht, die wiederum im besten Verhältnis von üppigen zwei Dritteln Mandeln und einem Drittel Zucker gemischt wird. Dass bei uns Kindern jene samtweiche saftige Mandelspezialität mit den Türmen von Lübeck auf allen Tüten und Schachteln am besten abschnitt, verwundert darum nicht. Dieses Marzipan, munkelte man, enthielt obendrein Tropfen sündhaft teuren Rosenwassers und Gewürze aus dem Orient. Letzteres vor allem beflügelte unsere Fantasien von Königen und Königinnen in rubinrot glänzendem Brokat. Prächtige Marzipanpaläste mit Marzipantürmen, Marzipangemächern und Marzipanballsälen malten wir uns aus – ohne zu wissen, dass die kalorienreiche Verführung von alters her höfischen Tafelrunden das gewisse luxuriöse Etwas verliehen hat: zum Beispiel als Pausenkonfekt zwischen pompösen vierundzwanzig Menügängen oder zu einem Mokka nach dem Dessert, serviert in Form überbordender kolorierter Marzipanfrüchte auf silbernen Etageren. Zudem diente Marzipan stets auch verschwenderischen Selbstinszenierungen. So ließ Kaiserin Maria Theresia zum ersten Weihnachtsfest nach ihrer Thronbesteigung 1740 mehrere Hundert lebensgroße Marzipanabbilder von sich fertigen und mit Blattgold überziehen – als kleines Präsent für auserwählte verdiente Untertanen.

Aus dem Zweistromland, das heute leider keinen märchenhaften Beiklang mehr hat, soll Marzipan ursprünglich stammen. Und zwar wird vermutet, dass das »Haremskonfekt«, wie es Thomas Mann betitelte, im 9. Jahrhundert bereits zu den Gaumengenüssen von Kalifen gehört hat. Blütenübervolle Mandelbäume wuchsen unter der heißen Sonne zwischen Euphrat und Tigris. Die Kunst der Rosenwasserherstellung war im Perserreich seit Generationen bekannt. Handelskarawanen aus Indien schafften den Zucker heran. Araber brachten schließlich das »Mauthaban« durch die Eroberung der Iberischen Halbinsel ins Abendland. Venedig nahm den Handel in die Hand. Und als bald auch Rezeptur und Rohstoffe für »Matapan«, wie es die Venezianer nannten, die italienische Grenze passierten, bereicherte die süße Sünde das Sortiment europäischer Konditoren. So auch in Lübeck, wo ein gewisser Johann Georg Niederegger damit beschäftigt war, ein Marzipanimperium aufzubauen. Aus seiner Geburtsstadt Ulm hatte sich dieser Mann, der mit Jabot und hochgeschlagenem schwarzen Tuchmantelkragen wie ein Ratsherr aussah, 1797 als wandernder Geselle in den Norden aufgemacht. Das Glück brachte ihm eine Anstellung in einer alteingesessenen Lübecker Konditorei. Dort verfeinerte er sein handwerkliches Können und erwarb kaufmännisches Know-how. 1822 wagte Niederegger den Sprung in die Selbständigkeit und schuf sich einen eigenen Firmensitz gegenüber der Renaissancetreppe am backsteingotischen Lübecker Rathaus, in vorzüglicher Lage also. Benachbarte Gebäude kamen später für die Marzipanproduktion mit Maschinen zum Mandelnschälen, Mandelnreiben und Mischen der Marzipanrohmasse mit Granitwalzen hinzu. Erlauchte Adressen wie der russische Zarenhof oder das deutsche Kaiserhaus hatten die Auftragsbücher gefüllt (die nachfolgende Kundenprominenz hieß Truman Capote, Armin Mueller-Stahl, Wolfgang Joop). Niederegger Marzipan wurde mit Dutzenden von Medaillen geehrt, zum Beispiel 1873 auf der Weltausstellung in Wien. 1880 öffnete neben dem Lübecker Stammhaus das legendäre Niederegger-Café. Doch da lebte der Firmengründer schon lange nicht mehr. Seine Nachfolger, eingeheiratete Mitarbeiter zumeist, hielten das Unternehmen auf sicherem Kurs. Ab 1931 leitete es Carl Arthur Strait, der Großvater des heutigen Geschäftsführers Holger Strait. Firmenlogo sind seit der Weimarer Zeit Johann Georg Niedereggers Initialen auf dem Lübecker Holstentor. Gestaltet von Alfred Mahlau, einem gebürtigen Berliner, der nach dem Ersten Weltkrieg als Gebrauchsgrafiker in Lübeck lebte und 1946 eine Professur an der Hochschule für Bildende Künste in Hamburg annahm. Mahlaus Aquarelle vom Hamburger Hafen und von Helgoland hingen in schmalen Birkenholzrahmen bei uns zu Hause überm Bücherschrank. Womit wir wieder bei uns Kindern angekommen wären, damals in den frühen sechziger Jahren.

Sobald die ersten Schneeflocken fielen und Eisblumen echte Wintergärten an den Fensterscheiben blühen ließen, bastelten wir nach der Schule mit Niederegger Marzipanetiketten und Geschenkverpackungen. Unser Plan war ein Lübecker Quartett aus den Lübecker Türmen, Backsteinfassaden, Koggen und Ankern, allesamt entworfen von Rudolf Mahlau in festlichem Rot, Weiß und Gold. Sorgfältig schnitten wir die filigranen Motive aus und klebten sie auf festen Karton. Am liebsten mit Pelikanol. Denn diese weiße weiche Paste fühlte sich wie flüssiges Marzipan an. Und roch – welch ein Zufall! – auch nach Marzipan. Süchtig machend geradezu. Ob man den Klebstoff darum wohl eines Tages aus dem Verkehr gezogen hat?

Oft machten wir im Frühling und im Sommer abendliche Spritztouren mit unseren Eltern im VW-Käfer an die Lübecker Bucht. Und wer von der Autobahn aus als Erster die Türme von Lübeck erspähte, den Spaß hatte sich unser Vater ausgedacht, wurde mit einer doppelten Portion Softeis oder einer Freirunde Minigolf belohnt. Beides wirtschaftswunderneue Errungenschaften damals. Hätten wir heute einen Wunsch frei, würden wir uns ganz unbescheiden in der Niederegger Marzipanfabrik im Lübecker Vorort Gemin einquartieren und eine Vollplastik des Niederegger-Cafés modellieren. Und zwar von jenem, das Niederegger 1930 mit unerhörtem Aufwand in einem Ostseeausflugdampfer eingerichtet hat, als Miniaturausgabe des Originals in der Stadt. Die einstigen Mahagonitäfelungen würden wir »schokoladieren«, wie es die

Schminkdamen der Niederegger Marzipanfiguren formulieren, die geschliffenen Spiegel, aus Marzipan nachgebildet, in hellblauem Pastell tönen, das Jugendstilmobiliar safrangelb färben, mit Perlen und Zuckerguss verzieren. Die Krönung wäre ein wahrhaftig fahrendes Marzipan-Café auf der Ostsee, das von Lübeck bis Usedom Gäste mit Marzipanspezialitäten betört. An Marzipantortentischen sitzend, der Schiffsfußboden mit Marzipanteppichen ausgelegt, die Wände mit Marzipanmeeresgetier tapeziert. Und wenn es draußen dämmrig wird, leuchtet aus den Marzipankugellampen ein geheimnisvolles Licht. Es verrät uns, wie wichtig unsere Kindheitsträume sind …

Überlebt als Seezeichen

Der Turm von St. Marien in Wismar

Er blieb von dem Irrsinn verschont. Wurde im August 1960 nicht mit in die Luft gesprengt. Stand daraufhin einsam auf jenem kahlen weiten Platz, den zuvor die dreischiffige Basilika mit Kathedralenchor und Kapellenkranz ausgefüllt hatte: der einundachtzig Meter hohe Turm von St. Marien – seine Ostfront eine einzige Wunde, die nie verheilen wird. Ursprünglich ragte das Wahrzeichen der Stadt kühne hundertzwanzig Meter in den Himmel hoch (von fast gleicher Höhe, der weltliche Vergleich sei an dieser Stelle erlaubt, ist das Hotel Maritim am Travemünder Strand). Bei Unwettern schlugen immer wieder Blitze in den Pyramidenhelm auf der Turmspitze ein. Und als dessen Ersatz 1661 von einem Sturm weggerissen wurde, bildeten fortan die vier nun mit Dächern versehenen Giebeldreiecke den Turmabschluss. In alten Mecklenburger Schriften wird St. Marien als »frauenfeine Riesin« verehrt, der Turm »erhaben wie ein königliches Haupt, der Leib schlank und edel, die Strebbögen steif gespreizt«. Bürgerstolz und Frömmigkeit strahlte die Backsteinkirche aus, selbst nach den schweren Schäden, die sie in der Bombennacht vom 14. auf den 15. April 1945 erlitten hat. Im System der DDR, welches sich bald etablierte, galten Bürgerstolz und Frömmigkeit jedoch nichts. Und der Sakralarchitektur aus der Blütezeit der Hanse zollte man wenig Respekt. Über den Wunsch der Wismaraner, St. Marien wieder aufzubauen, setzten sich die Behörden hinweg. Ordneten mit der Begründung, das Ziegelwerk sei baufällig, sogar die Sprengung der Kirche an – getrieben von politischer Dumpfheit, ein Jahr vorm Mauerbau. Russen standen zum Abtransport der Trümmer mit Lastwagenkolonnen bereit. Was von den Backsteinen übrig war, die ältesten datierten aus dem 13. Jahrhundert, wurde zu Schotter zermahlen.

Der Frevel ist bis heute ungesühnt. Das Ausmaß der Zerstörung wird seit 2002 im Turm von St. Marien und seinen Seitenkapellen in einer Ausstellung illustriert, unterstützt von der Deutschen Stiftung Denkmalschutz, die sich neben ihrem bundesweit größten Förderprojekt, der Wismarer St. Georgen Kirche, auch hier Kultur rettend engagiert. Modelle der Wismarer Gottesburgen St. Marien, St. Georgen und St. Nikolai, präsentiert in Glasvitrinen in der Nordkapelle, zeugen vom Wirtschaftsbund der Hanse, ihrem Reichtum, ihrem Wagemut, ihrer maritimen Macht. Und in der Rotbuntheit der Backsteine, die Rezeptur stammt aus Oberitalien, spiegelt sich die Gestaltungslust der gotischen Baumeister wie eine glühende Farbpalette. Auf eine virtuelle Zeitreise entführt in der Turmkapelle ein 3-D-Film zur Baustelle von St. Marien um 1320. Die Kamera bewegt sich mit subjektivem Blick in schwindelerregende Höhen. Dadurch entsteht der Eindruck, live dabei zu sein, wenn die Maurer auf ihren Steckgerüsten, also ohne jede Sicherung, mit Mörtel und Kelle hantieren. Wie viele Männer sind damals abgestürzt, haben ihr Leben riskiert? Beladen mit Backsteinen kletterten Handwerker Leitern und Rampen aberwitzige zwanzig, dreißig Meter hoch. Bauholz schlugen sie mit der Axt in die erforderliche Form, schnitten es mit der Schrotsäge auf die richtige Länge zu. Ochsenkarren schleppten die Backsteine aus der Ziegelei nahe der Kirchenbaustelle heran. Bis zu achthundert Steine verfugte ein Maurer pro Tag, hinzu kam die Kunst des Wölbens – Schwerstarbeit von Sonnenaufgang bis Sonnenuntergang. Über hundert Jahre gingen ins Land, bis St. Marien fertig war. Wobei »fertig« als Ausdruck nicht wirklich passt, da es in der Kirche irgendwo immer eine Baustelle gab, wie in allen anderen Ostseebacksteindomen auch. Am Schluss des Filmes, wenn das Auge der Kamera um die Achteckpfeiler an den Mittelschiffarkaden schwebt und durch die blaugrauen bleiverglasten Fenster Hoffnung verheißendes Licht hereinfällt, glaubt man, die gewaltigen Raumdimensionen real wahrzunehmen.

In dreiundzwanzig Sekunden fiel das Mittelschiff 1960 nach Zündung des Sprengsatzes in sich zusammen. Das dokumentiert ein heimlich gedrehtes Privatvideo (inzwischen auf *YouTube*) von einem Wismaraner damals.

Die St. Marien Kirche wird nicht wieder aufgebaut. So der aktuelle Stand. Viele Einheimische macht das traurig. Viele sind enttäuscht, schütteln verständnislos den Kopf. Neuerdings aber, sagen die Ausstellungsmitarbeiter, entlade sich unter den Besuchern immer häufiger Zorn. Leere Kassen? Lächerlich! Das jüngste Kapitalverbrechen, in der Sprache der Politik verharmlosend Krise genannt, hat alle Sparappelle und Sparmaßnahmen ad absurdum geführt. Denn aus welchen Kanälen, bitte, flossen plötzlich jene Unsummen, höher als die Wiedervereinigungskosten, mit denen zum Beispiel sämtliche »Kirchen in Not!« auf den Listen der Deutschen Stiftung Denkmalschutz hätten restauriert werden können? Vor lauter Freiheit, die unsere Gesellschaft so gemütlich macht, verzichten Kanzleramt & Co. darauf, die Täter zur Rechenschaft zu ziehen, federn sie sie obendrein mit horrenden Bürgschaften ab – dabei sind wir das Volk, steht unser Geld auf dem Spiel, warum ist es in Deutschland so still?

1989, nach dem Fall der Mauer, hatte Superintendent Christoph Pentz in einer Rede an die Wismarer Bürger erklärt, dass etwas Neues »wächst«, etwas, das eine »neue Qualität« haben wird. Zuvor verbeugte sich der Kirchenmann vor der friedlichen Revolution, die es bis dahin in der deutschen Geschichte noch nie gegeben hat. Wird eine zweite kommen?

Der Grundriss von St. Marien ist seit einer Weile wieder sichtbar. Verschwunden der Parkplatz, der beschämend lange auf dem Areal der historischen Grabplatten lag. Ruhebänke und Skulpturen stehen nun dort. Linden wurden gepflanzt. Bis auf Brusthöhe, mehr ist nicht geplant, zog man die Grundmauern der Basilika hoch. Dabei packten viele Hobbymaurer mit an, half die Jugendbauhütte Wismar, kamen große Backsteinspenden von Gästen zusammen.

Die Zahl der Ausstellungsbesucher von St. Marien (seit 2002 über eine Million!) steigt von Jahr zu Jahr. Ein gutes Zeichen. Die Sehnsucht nach tradierten Werten ist wieder da. Zugleich spricht sich immer mehr herum, dass der Turm seit der Sprengung der Kirche 1960 endlich wieder besichtigt werden kann. Zwar trifft man oben, nach dreihundertsechsundzwanzig Stufen, keinen Turmwächter mehr an, der die Luken im Zifferblatt der Turmuhr öffnet, um Feind und Feuer zu erspähen und zu melden, wenn hinter der Halbinsel Poel auf offener See Gewitter heraufziehen. Grandiose Aussichten bieten sich jedoch auch etwas tiefer unterm Glockengebälk, wohin die heutigen »Turmwächter« Besuchergruppen führen und vom geschäftigen Treiben im Hafen, als die gotischen Backsteinriesen gerade aufgetürmt worden waren, erzählen. Auf Koggen, dem damals neuen, fassungsstarken bauchigen Schiff mit geschlossenem Deck, wurden Heringe vom dänischen Schonen, Stockfische aus dem norwegischen Bergen, Tuche aus Brügge, Wolle aus London, Felle aus Nowgorod, Holz, Steine und Kalk von der Insel Gotland importiert.

Umgekehrt wurden Getreide, Mehl, Lüneburger Salz und das berühmte Wismarer Bier nach Holland, nach Riga, nach Portugal exportiert. Nachts schlossen *Bohmschlüter* (Baumschließer) den Wismarer Hafen zur Sicherheit mit einem Schlagbaum ab. Das dazugehörige Gemäuer aus dem frühen 18. Jahrhundert, bis heute »Baumhaus« genannt, fällt vom St. Marien-Turm wie ein roter Klecks in der Hafenkulisse sofort auf. In unmittelbarer Nachbarschaft alte Speicher, einige stehen seit einer Weile zum Verkauf. Im Vordergrund der Ziegelkoloss St. Nikolai, die Kirche der Fischer und Seefahrer – sie birgt in ihrem Inneren die steilste Geschlossenheit im ganzen Ostseeraum. Bei den Luftangriffen 1945 kam St. Nikolai unversehrt davon.

Der Tonfall der großen Ziegelgotik habe etwas Heroisches, schrieb einmal Theodor Heuss. Der erste deutsche Bundespräsident, Heimatforscher im besten Sinne, war mit Stift und Feder durch Mecklenburg gereist, in die Hansestadt Wismar, welche einst zu den führenden Umschlagplätzen Europas gehört hat. In nebliger Frühe, in der durchsichtigen Mittagshelle, in der finsteren Nacht zog es den kunstsinnigen Wanderbildner zu St. Marien hin. Und er fragte sich, ob ihre Steine wohl auch plattdeutsch reden?

Wismars Kirche aus den Gründungsjahren der Stadt war nicht baufällig, als man sie 1960 in die Luft gesprengt hat. Ihr Turm überlebte als Seezeichen. Möge er uns nun als Orientierung in den

Klippen und Untiefen der Zukunft dienen. Und wer weiß, ob St. Marien nicht doch eines Tages in ihrer alten Größe wieder entsteht.

Feine Kost und Lesekunst

Zu Gast bei den Wismarer Löwenapothekerinnen

Das Podium vor dem hohen lindgrünen alten Schrank an der violett getönten Wand füllt sich in aller Ruhe, obwohl es laut Programm schon in wenigen Minuten beginnen soll. Die Atmosphäre ist erfrischend unangepasst, leger, erinnert an Szenetreffs im Schanzenviertel in Hamburg oder in Berlin Mitte oder am Prenzlauer Berg. Auf den Fensterbänken vor den Milchglasscheiben flackern dicke weiße Kerzen. Die meisten Tische sind schon seit einer ganzen Weile besetzt. Denn der Andrang ist erfahrungsgemäß groß, wenn am ersten Sonntag im Monat in der Alten Löwenapotheke in Wismar die Lesebühne WORTREICH auftritt. Wir sitzen ziemlich weit vorn, haben »Herzhafte Serranoschinkenröllchen mit Frischkäse gefüllt« bestellt. Am Nebentisch trinkt man Störtebeker Pils, norddeutsch herb. Die Krimiautorin Birgit Hölscher-Lohmeyer, sie hat die Lesebühne initiiert, spricht mit ironischem Charme ins Mikrofon, dass man sich noch etwas gedulden möge, die musikalische Begleitung sei noch nicht da. Der Abend trägt das Thema »Tapetenwechsel«. Vielleicht hat der Erwartete auf Tapetenwechsel keine Lust, amüsiert sich ein älterer Herr hinter uns. Im selben Moment eilt ein schwarz gekleideter dynamischer, schlanker Mann an der einstigen Rezeptausgabe vorbei in den Raum. Packt sein Saxofon aus. Applaus. Die meisten kennen ihn, es ist Florian Ostrop, ein Lektor aus dem Hinstorff Verlag. Sein Buch über Zwangsarbeiter in Wismar während der NS-Zeit löste 2006 bewegende Diskussionen aus. Und viele besuchten die dazugehörige Wanderausstellung, die er mit der Rostocker Geschichtswerkstatt erarbeitet hat. Der promovierte Historiker und Saxofonist sprang für die ausgefallene musikalische Begleitung, angesagt war jemand am Keyboard, ohne lange zu überlegen ein. Wieder Applaus. Dann startet die Performance, lesen Birgit Hölscher-Lohmeyer und ihre Schreibkollegen Vera Doneck und Hartmut Lüke, sie alle kommen aus der näheren Umgebung, eigene Lyrik und Prosa zum »Tapetenwechsel« vor. Ernst, witzig oder auch nonsensartig, grotesk.

Die Alte Löwenapotheke in der Bademutterstraße sticht aus dem Stadtbild heraus. Denn sie versteckt ihren Backstein. Zeigt sich in gelb getünchter Neurenaissance, die Fensterrahmen, Giebeleinfassungen, Türmchen cremig weiß, Farben wie eine Zitronentorte, die ein Konditormeister mit Streifen und Tuffs aus Schlagsahne dekoriert hat. Seit 1659 wurden in dem hansischen Bürgerhaus Pillen, Tinkturen, Tropfen, Salben verkauft. Zuvor hatten wechselnde Besitzer die bis heute erhaltenen zwei Erker an die Fassade angebaut. Wismar gehörte damals zum Besitz der schwedischen Krone. Glanz und Wohlstand der Hanse waren schon Vergangenheit. Aber das ist ein anderes umfangreiches Kapitel, in dem wir hier nicht weiter blättern wollen.

Die Alte Löwenapotheke versorgte noch bis vor wenigen Jahren ihre Wismarer Kundschaft mit Medizin. Hatte den Ersten Weltkrieg, den Zweiten Weltkrieg, die Deutsche Demokratische Republik, die Treuhandanstalt überlebt. Doreen und Doreen heißen die Löwenapothekerinnen mit Vornamen, die seit 2007 Regie in der Bademutterstraße führen. Apothekerkittel tragen sie nicht. Sie haben auch kein Pharmaziestudium hinter sich. Lagern in ihren Schubladen weder Pflaster noch Arzneien. Setzen sich auf ihre Weise in allem, was sie tun, und das ist unerhört viel, für Gesundheit und Wohlbefinden ein: vom Kresseblatt über Agavendicksaft bis zum selbst gemachten Quark. Letzteren reichern sie mit Leinöl an, nachdem sie erfahren haben, dass Leinöl das Immunsystem stärkt, vor Infektionen und aggressiven Radikalen schützt. Eine ihrer anderen »Mixturen« lautet Eierpfannkuchen mit Zimt. »Dazu mischen wir Dinkelmehl und Weizenmehl, süßen mit Rohrzucker, verfeinern mit Kokosflocken und verrühren die Masse mit Eiern und Milch«, wobei es sich nicht um x-beliebige Eier dreht, schon gar nicht um Billig-Eier für sieben, acht Cent pro Stück! Die Löwenapothekerinnen verwenden ausschließlich naturbelassene Produkte, vorzugsweise aus der Region, von Ökobauern und Biohofläden in Mecklenburg.

»Und wenn da ein Ei fünfundzwanzig Cent kostet, kostet es eben fünfundzwanzig Cent! Aber das ist nahrhaft und schmeckt!« Die Löwenapothekengäste goutieren die hohe Qualität. Zumal man mit reichlichen Portionen verwöhnt wird. Die hausgemachten Torten, gefüllt mit frischem Obst, »was gerade wächst oder eingekocht worden ist«, so annonciert die Speisekarte, sind locker zehn Zentimeter hoch.

Ein Zufall brachte Doreen Rump und Doreen Heydenbluth zusammen. Völlig unspektakulär in Wismar auf der Straße, die Mecklenburgerin und die Thüringerin waren Nachbarinnen. Zuerst grüßten sie sich nur, hallo! Bald wechselten sie das erste Wort. Dann kam die erste Verabredung. Auf Anhieb fanden sie sich sympathisch, funkten auf derselben Welle, schleppten ähnliche Sehnsüchte mit sich herum. »Irgendwas mit Café, mit Kultur, mit Ostsee!« Die Architektin und die Wirtschaftsjuristin, beide geboren in den siebziger Jahren, beide glücklich liiert, attraktiv, beide haben ein kleines Kind, setzten sich in den Kopf, neben ihren Jobs »was ganz Eigenes« aufzuziehen. Auslandsaufenthalte in Österreich und in der Schweiz bei der einen, in England, Holland, Portugal bei der anderen, schafften ein weiteres Verbindungsglied zwischen Doreen und Doreen. Ein nächster Zufall (gibt es Zufälle?) machte sie schließlich zu Wismars neuen Löwenapothekerinnen. Vorangegangen war 2002, dass die UNESCO die Altstädte von Wismar und Stralsund zum Weltkulturerbe erklärt hat. Zur richtigen Zeit am richtigen Ort bekam Doreen Rumps Architektenbüro, das auf Altstadtsanierung spezialisiert war, eine Menge zu tun und hatte das Glück, sich in der Alten Löwenapotheke zwecks neuer Nutzungskonzepte umzuschauen. Denkmalpfleger, Bauforscher, Archäologen untersuchten das Prachtstück monatelang. Stadtarchivare forschten in Akten, rekonstruierten die Historie, fertigten Inventarlisten an. Über dreihundert Jahre war die Apotheke in Betrieb gewesen. Nun sollte ein Investor her. »N-e-i-n, bitte nicht!«, ahmt Doreen Rump in ihrer humorvollen Art schallend lachend ihre spontane Reaktion von damals nach. Denn sie hatte sich über beide Ohren in das Backsteinhaus in der Bademutterstraße verliebt. Zähe Debatten mit Banken folgten, Zittern um einen Kredit. Doch am Ende lief alles perfekt. 2005 unterzeichnete Doreen Rump den Kaufvertrag. Doreen Heydenbluth stieg ins Projekt mit ein, entwarf einen klugen Businessplan.

Eine Achtzig-Stunden-Woche wurde für die beiden von nun an zum Normalfall. Und bevor sie 2007 ihre Tore öffneten, holten sie Berge von Informationen ein. Über Geschirr. Über Besteck. Über Kaffeesorten, Kaffeemaschinen. Woher das Brot? Woher Obst und Salat? Wie lange hält ein Schinken? Welche Vorratsmengen braucht man? »Wir hatten ja bis dahin mit Gastronomie nix am Hut!« Deutschlandweit sind sie umhergereist, ließen sie sich beraten, inspirieren, besuchten sie Lieferanten, machten sie sich von vergleichbaren Lokalitäten ein Bild. Lange liebäugelten sie damit, ihre »Mittel zum Leben«, wie sie es ausdrücken, aus Italien oder Frankreich zu beziehen. Am meisten überzeugte sie aber letztlich, was sie in den Mecklenburger Dörfern entdeckten, zum Beispiel in einer Ziegenkäsemanufaktur am Schaalsee, wo bis 1989 die deutsch-deutsche Grenze lag. Dort bestellen sie seither die »Dicke Liese«, einen milden Weichkäse, pikanten Ricotta mit Trüffelöl und zum Überbacken sahnige Ziegenrollen. »Sanddornsaft kaufen wir gleich um die Ecke in Lübseerhagen in einer alteingesessenen Mosterei.« Die Löwenapothekengäste begeistert das. Viele reisen aus Hamburg an, sogar aus Zürich, aus Stockholm sowieso. Und schon morgens um neun trudeln die Ersten zum Frühstück ein – dem besten weit und breit. Das ofenwarme, duftende Landbrot aus einer Schweriner Bäckerei, ein Gedicht!

Gern hätten Doreen Rump und Doreen Heydenbluth Teile des ursprünglichen Apothekenmobiliars für ihr Café übernommen. Doch niemand weiß, wer es sich im Ost-West-Gerangel unter den Nagel gerissen hat. Auch wertvolle Haustüren und Stuckaturen verschwanden damals in Wismar über Nacht. Sogar der goldene Löwe überm Apothekenportal war plötzlich abgeschraubt, tauchte aber wieder auf. Als erste Neuanschaffung für ihr Café ersteigerte eine der Doreens bei Ebay einen riesigen alten Ladenschrank. Von einem Antiquitätenhändler kaufte die andere acht quadratische Tische und dazupassende Stühle aus den dreißiger Jahren. Das Nichtraucher-Café der beiden (»Ihr seid ja total verrückt!«) kam in Wismar an, lange bevor die öffentlichen Debatten zum Rauchverbot begannen. Inzwischen ist die Alte Löwenapotheke eine Institution, kommen die Leute selbst bei vierzig Hitzegraden vom Strand.

Auf der Lesebühne WORTREICH wird nach einer guten Stunde eine kurze Pause gemacht. Vorn in der Diele, nicht ganz so geräumig und hoch wie die Lübecker Vorbilder, aber mit dem gleichen Flair, liegen auf einem Büchertisch Publikationen des Autorentrios aus, daneben Flyer mit der Lesebühnen-Vorschau für das laufende Jahr. Die Themenschwerpunkte wie immer pfiffig, aber auch aufstörend und schrill. »Den Januarabend hätten sie erleben müssen!«, schwärmt ein offensichtlicher Stammgast und richtet sich damit an alle, die in der Diele stehen. Knast- und Küchenstorys wurden da in Versen und Monologen serviert, »abgekocht & eingeweckt«. Zu Gast war die schreibende Anstaltsärztin Barbara Nieszery aus der Bützower Strafanstalt Drei Bergen. Musikalische Zwischentöne lieferte der Gitarrist Christian Röhl aus der Wismarer Rockband »Absurdt«.

Auch heute gibt es in der Alten Löwenapotheke einen schreibenden Gast. Das ist fester Bestandteil jedes Lesebühnen-Programms. Der Gast geht nach vorn, nimmt Platz und beginnt mit leiser Stimme, die in sich gekehrt wirkt, man könnte eine Stecknadel fallen hören: »Das Meer ist uns fremd, obwohl wir aus ihm kamen … Das Meer ist die größte Schatzkammer, vermuten wir. Wir wissen nichts über das Meer ...« Der schreibende Ruheständler, einst Mitglied im Neuen Forum, auch ihn kennen fast alle, war ab 1992 Mecklenburg-Vorpommerns Ministerpräsident. Doch weder macht er, Berndt Seite, Aufhebens darum, noch macht es das Publikum. Viele kommen nach der Lesung zu ihm, kaufen sein selbst verlegtes »Strandgut«, das der Buchhandel nicht führt, und lassen es sich von ihrem einstigen Landesvater, dem studierten Tierarzt, mit persönlichen Widmungen signieren.

Nachwandelnde Erinnerungen bleiben am Ende des Abends, bleiben von Wismar, vom Markt, von den Straßen und Gassen, die nach Fischern, Gerbern, Webern, Sargmachern, Böttchern benannt sind. Der Stolz der Hanse und ihrer Kaufmannsgilden ist in der Meeresstadt noch immer zu spüren. Aus dem Hafen weht das Gekreische der Möwen. Und es scheint so, als würden die Löwenapothekerinnen in altbewährter hanseatischer Tradition ausgesuchte Handelsbeziehungen pflegen und Netzwerke knüpfen, abseits vom lärmenden Kommerz.

Nicht jeder hat ihre feine Kost schon probiert. Und hin und wieder gibt es verdutzte Gesichter, auch grimmige Mienen, weil die Alte Löwenapotheke keine Rezepte mehr einlöst. Wie wär's mit einer »Pflaumen-Vanille-Frischkäse-Verführung«? Oder einem Sanddorn-Likör?

Extratour übers Himmelreich

Im Münster Bad Doberan

»Hat von Ihnen heute schon jemand in der Ostsee gebadet?« – Verwundertes Schweigen. – »Das frage ich immer zu Beginn meiner Führung!«, lacht die frische forsche junge Frau. – Um uns herum Reisegruppen. Sprachgewirr. Eine Schulklasse. Ein Handyklingelton. Aus dem Mittelschiff schallt »Dona nobis pacem« von einem gerade an der Kasse vorbeigesausten einheimischen Freizeitfrauenchor. Die Akustik in dem spätgotischen Gotteshaus ist gewaltig. Darum fällt es schwer, sich zu konzentrieren. – »Die Ostsee hat heute dreizehn Grad«, fährt die junge Frau fort, »und dreizehn Grad beträgt auch im Münster die Innentemperatur!« Je nach Strömung könne es zwar Schwankungen um ein, zwei Grad geben. Ansonsten aber seien die Temperaturen in der Ostsee und im Münster gleich. – Warum? – »Weil Backstein Wärme speichert! Also immer erst hier drinnen aufs Thermometer gucken und dann die Badesachen raus!« Versteht zwar keiner, aber egal. Außerdem hegt an diesem etwas garstigen Septembertag niemand ernsthafte Ambitionen in Richtung Strand. Und das nahe gelegene Heiligendamm lässt ohnehin keine rechte Badefreude aufkommen. Besser gesagt: nicht mehr.

Denn schon allein bei dem Gedanken an das erste deutsche Seebad, 1793 bis 1870 von den Stararchitekten Johann Christoph Heinrich von Seydwitz, Carl Theodor Severin und Georg Adolph Semmler in möwenweiß lackiertem Klassizismus erbaut, taucht sofort der XXL-Strandkorb vor der Kulisse des Grand Hotels auf: mittig platziert die Kanzlerin in figurbetontem Hoffnungsgrün zwischen viermal links, viermal rechts staatstragendem Lächeln ihrer geladenen männlichen Prominenz. Monströse Ereignisse werfen nicht nur ihre Schatten voraus. Sie hinterlassen auch, nachdem alles entsorgt, verraten und verkauft ist, atmosphärische Spuren. Im vorliegenden Falle von wenig schmeichelhaftem Charme. Anders der Riesenstrandkorb. Rund um den Globus verbreitete er die frohe Botschaft: »Seht her! Ich komme aus Heringsdorf von der Insel Usedom!« In der dortigen Korbmanufaktur, weltweit der ältesten ihrer Art, wurde das exklusive Seemöbel aus einem Kubikmeter Holz, fünfundzwanzig Quadratmetern blau-weiß gestreiftem Markisenstoff und zwei Kilometern Flechtband im Auftrag des Landes Mecklenburg-Vorpommern hergestellt. Die gesamte Belegschaft krempelte die Ärmel hoch, schneiderte, sägte, lasierte, montierte. Stramme drei Wochen lang. Selten passte der Sinnspruch der Korb GmbH so gut: »Verflochtene Ruten ein Ganzes ergeben. Ganzes wir stetig erstreben. Verflechtet die Menschheit zum friedvollen Leben.« Überraschend meldete die Korb GmbH Anfang 2009 Insolvenz an.

Wir erklimmen im Münster die ersten Wendeltreppenstufen Richtung Himmelreich, prosaisch umweht von Bauarbeiterstaub. In siebenundzwanzig Metern Höhe die Ostsee am Horizont. »Wahnsinn!«, sagt ein Kölner. Das böte der Dom bei ihm zu Hause nicht. Ins vergnügte Gelächter fragt unsere Münsterführerin: »Kennen Sie Althof?« – Kopfschütteln. Nein. – »Das wäre von hier aus mit dem Zug nach Rostock die erste Station.« – Wozu man das bitte wissen muss? – Ein kurzer Exkurs in die mecklenburgische Ahnengeschichte, welche kiloschwere Folianten füllt, folgt: Dass der Vorläufer des Bad Doberaner Münsters in eben jenem Althof stand, gegründet 1171 von Pribislaw Fürst von Mecklenburg, die Anlage aber schon sieben Jahre später im Zuge eines Erbfolgekriegs weithin verwüstet dalag. Als Sieger ging aus dem Gemetzel Nikolaus von Rostock hervor. Nicht Pribislaws Sohn, Fürst Heinrich Borwien, auch wenn das manch ein schönes Mecklenburgbuch glauben machen will. Eine Urkundenfälschung, sagt unsere frische forsche junge Frau, habe jene Geschichtsverdrehung in Umlauf gebracht. Einer schrieb vom anderen ab. »Und in Mecklenburg dauert es eben eine Weile, bis sich so was herumgesprochen hat.«

Noch immer stehen wir auf siebenundzwanzig Metern Höhe (»Vater unser, der Du bist …«). Derweil uns unsere Münsterführerin erzählt, warum die Klosterkirche genau an diesem Ort geschaffen worden ist. Nikolaus von Rostock, so geht die Legende, entschied seinerzeit: »Wo wir den ersten Hirsch auf unserer Jagd erlegen, werden wir ein neues Kloster bauen!« Schon bald fand eine Jagd genau an dieser Stelle statt. Und ein Hirsch brach unter dem tödlichen Kugelschuss zusammen. Die Mönche indes, die Nikolaus von Rostock rief, verweigerten den Spatenstich für die Grundsteinlegung, weil ihnen der Boden zu feucht und zu morastig erschien. Da, plötzlich, flog ein Schwan über sie hinweg und schrie »dobrrr!« Das stammt aus dem Slawischen und bedeutet »gut!« Kombiniert mit der Endung »an« (Stelle / Ort) wurde aus dem Wink von oben schließlich Doberan. Um 1270 begannen die Zisterzienser, ihre Klosterkirche zu bauen – ein Musterbeispiel perfekt proportionierter Backsteinkunst, von Licht durchflutet nach dem Vorbild französischer Kathedralen mit einem Kapellenkranz um den Chor. »Fünf Millionen Backsteine haben die Mönche verbaut, jeder wiegt acht Kilo«, sagt unsere Münsterführerin. »Macht summa summarum vierzigtausend Tonnen«, rechnet der Kölner zusammen, »etwa genauso viel wiegt ein hundertfünfzig Meter langer Kreuzfahrtdampfer, ha!« Die Doberaner Mönche fertigten die Steine wie im Mittelalter üblich mit der Hand. Jeden einzelnen im Klosterformat: achtundzwanzig Zentimeter lang, vierzehn Zentimeter breit, neun Zentimeter hoch. Die mühevolle Prozedur zog sich über einige Jahre hin. Denn das Gemisch aus Lehm, Wasser und Sand, das in Holzformen gestrichen wurde, musste erst zehn, zwölf Monate trocknen, danach erst konnte man es in den Feldöfen brennen. Zeitökonomisch, wie die Mönche dachten, huben sie darum parallel zur Backsteinproduktion die Baugrube für das Münster aus. Ein unerhört schwieriges Unterfangen. »Haben Sie schon einen Spaziergang durch den Klosterpark gemacht?« – Wieder Kopfschütteln. Wieder Nein. – »An vielen Stellen können Sie sehen, wie sumpfig es hier ist. Das kommt vom Grundwasser, das anderthalb Meter tief unterm Boden fließt.« Selbiges stand natürlich auch in der Baugrube. Mehrere Schichten gespaltener Findlinge wuchteten die Mönche darum in die (Zahlen über Zahlen!) fünf Meter tiefe Grube hinein. Füllten die Hohlräume mit Feldsteinschüttungen. Heißkalk, erhitzt auf einhundertsechzig Grad Celsius, verband schließlich alles zu einem festen Fundament. »Das Münster steht also nicht auf Eichenpfählen!« – auch diese Behauptung geistere in manchen Büchern herum –, sondern auf Römischem Beton, so der Fachausdruck, lateinisch opus caementium. »Daraus haben die alten Römer auch unsere Stadtmauer gebaut«, ergänzt der fröhliche Kölner. Für Schwindelfreie (»Und vergib uns …«) noch schnell zum Beinhaus hinuntergeschaut. Es diente zur Aufbewahrung von Skelettresten aus Mönchsgräbern, die neu zu belegen waren. Wüsste man das nicht, käme man nie auf diese Idee, zumal das »Haus« kein Haus ist, sondern ein achteckiger Backsteinturm – mit Ornamenten, Zierleisten, Rosetten. Und dank seiner

Backsteinfarbenvielfalt aus Rotbraun, Gelborange, leuchtendem Blau und Grün, davon viele Steine glasiert, lächelt er!

Auf den hölzernen Stegen in schummrigem Licht begegnen wir bald immer wieder einem Mann, den unsere Münsterführerin nicht sonderlich gut leiden kann: Gotthilf Ludwig Möckel. »Sehen Sie da vorn die Stahlträger?« – Gespannte Stille. – »Die hat Herr Möckel vor hundert Jahren eingebaut!« Im vorwurfsvollen Unterton vernehmen wir ferner, dass Herr Möckel auch das Dach des Münsters flacher gelegt und verschiedene Anbauten vorgenommen hat. Geschehen ab 1883. In diesem Jahr, als weit weg in den Metropolen der Gründerrausch in vollem Gange war, trat der Architekt und Bauhandwerker seinen Dienst in Bad Doberan an. Der damals Fünfundvierzigjährige, von der Akademie der Künste in Dresden gerade zum Ehrenmitglied ernannt, sollte das Münster restaurieren. Und das tat er, übereifrig im Stil der Neugotik, die damals groß in Mode war, indes nicht nach jedermanns Geschmack. Aus heutiger Sicht schon gar nicht. Und so schimpfen denn auch viele Bad Doberaner darauf, dass man ihnen ihr Münster »vermöckelt« habe. So verzichteten die Zisterzienser den Regeln ihres Ordens entsprechend auf einen Turm, brachten stattdessen einen Dachreiter an – zierlich in seiner Anmut, nur zweiundfünfzig Meter hoch. »Dann kam Herr Möckel und zog ihn um zusätzliche zwanzig Meter hoch!« Außerdem verpasste er jeder Kapelle im

Chorkranz ein eigenes Dach, die Mönche hingegen hatten eines über alle Kapellen gespannt. Nur Übeltaten aber richtete Gotthilf Ludwig Möckel keineswegs an. Immerhin befand sich das Münster damals in einem schlimmen Zustand. An mehreren Stellen drohte Einsturzgefahr. Eine Spätfolge aus jenen Tagen, als das Kloster schon längst aufgelöst worden war. Kreuzgang und Nebengebäude hatte man abgerissen und die Backsteine nach Güstrow und Schwerin zwecks Verwendung für die dortigen Schlossbauten gekarrt. Zu Möckels Ehrenrettung sei außerdem gesagt: Sein selbst entworfenes Wohnhaus vor den Toren des Münsters ist bis heute ein Blickfang. 1885 mit Erkern, Türmchen, roten Klinkern, Fachwerk und bleiverglasten Märchenfenstern erbaut, wirkt das zweistöckige Anwesen wie ein Originalimport aus England, woher ja die Neugotik ursprünglich stammt. Schade nur, dass der wilde Wein nicht mehr an den Fassaden wuchern darf. Das hatte zur verwunschenen Aura gepasst. Der Küster im Bad Doberaner Münster, der Woche für Woche die Uhr aufzieht, indem er die Kurbel einhundertachtundzwanzig Mal dreht, kann vom Fenster auf der Westseite des Münsters direkt auf das Möckelhaus schauen. Wir können das gleich auch.

Doch zunächst – endlich! – zum Höhepunkt unserer Extratour, und das bedeutet, auf dem Mittelschiff entlang. »Direkt unter uns ist das Gewölbe!«, sagt unsere Münsterführerin. – »Und Gott nannte das Gewölbe Himmel. Es wurde Abend, es wurde Morgen …«, sagt unser Kölner aus dem Ersten Buch Mose auf. – »Und Kirchengewölbe stellen ein Stück Himmelreich auf Erden dar!«, spielt ihm unsere Münsterführerin den Ball zurück.

Berühmt im Bad Doberaner Münster ist im Mittelschiff der Lettner-Kreuzaltar. Und wo das Kreuz mit seinen silbriggrünen Blättern (»Ich bin der Wein …«) von oben herab an einer Kette hängt, stehen wir, lugen durch ein Loch drum herum und können kaum fassen, dass die Gewölbekappe nur sechzehneinhalb Zentimeter dick ist! Ob das im biblischen Himmel auch so ist?

Die letzten Stufen führen uns zu den Glocken im Dachreiter, vierzig Meter hoch. »Die kleine Glocke wurde 1301 aus Bronze gegossen, wiegt fünfhundertvierzig Kilo, angeschlagen ein hohes A.« Die größere neben ihr aus Eisenhartguss ist ein Kind der DDR, wiegt mehr als doppelt so viel, sagt aber nichts mehr. Grund: ein Riss in der Aufhängung, weshalb die Glocke ruhen muss. Den Bad Doberanern fehlt ihr tiefes Fis, das zusammen mit dem A von einer wunderbaren Klangfülle gewesen ist. Vielleicht aber wird bald eine neue Glocke angeschafft. Die Aussichten stehen nicht schlecht, wo doch immer reichliche Spenden in den Erhalt der wohl schönsten Backsteinkirche an der Ostsee geflossen sind. »Sie kommen wieder?«, verabschiedet sich die frische forsche junge Frau von uns. »Klar! Mit Badehose!«, antwortet der Kölner prompt. »Für den Fall, dass das Münsterthermometer warmes Ostseewasser anzeigt.« Richtig überzeugend klingt das allerdings nicht. Vermutlich weil ihm (wie unserer ganzen Truppe) rätselhaft blieb, wie jene höhere Physik funktioniert. Wissen Sie's?

Schüsselhecht, Tüften und Kompott

Mecklenburgisch kochen mit Frieda Ritzerow

Augen ausstechen – das machte ihr nichts aus. Ebenso wenig, Putern, Enten, Gänsen den Kopf abzuhauen. Ihren Kaltmamsellen pflegte sie zu sagen: »Eine alte Gans singt Tenor, eine junge Diskant!« Die Stimmlage Sopran also. Und selbstverständlich wusste sie exakt, in welcher Jahreszeit welches Geflügel zum Verspeisen taugt, womit außer Putern, Enten, Gänsen auch Birkhühner, Rebhühner, Küken, Waldschnepfen, Bekassinen, Krammetsvögel, Tauben, Wachteln, Lerchen, Fasane, Kapaune sowie Trappen, die großen Vögel aus der Familie der Kraniche, gemeint waren. Regelmäßig wurde das liebe Federvieh geschlachtet, gerupft und ausgenommen. Sei es für Entrees, wo es gedämpft, geschmort oder farciert zum Beispiel mit einer Austernsoße auf den Teller kam. Sei es für Frikassees, Pasteten oder eingelegt in Gelee. Und natürlich als Braten, gefüllt mit Apfelstücken, Rosinen und gestoßenen Mandeln, abgeschmeckt mit Zucker sowie einem Glas Rum. Frieda Ritzerow liebte ihre Arbeit und war mit jedem Handgriff vertraut. Schon als kleines Mädchen hatte sie beim Geflügelrupfen zugeschaut. Damals jedoch, auf Gut Mechelsdorf in der Nähe von Alt Gaarz zwischen Ostsee und Salzhaff, wo ihr Vater als Verwalter tätig war, musste sie oft weinen, wenn eines der Hühner wehe schnatternd unters Messer kam. An manch einem Abend, wenn der Mond in ihr Fenster sah, betete sie für ihre bernsteingoldene Ida, ihre Grete, ihre Bertha. Jedes Huhn auf Gut Mechelsdorf trug einen Namen. Eines sogar ihren, Frieda.

Die Gegend um Alt Gaarz (1938 von den Nazis nach einer hier vermuteten Wikingersiedlung in Rerik umbenannt – seltsam, dass man das bis heute beibehalten hat!) wird in Mecklenburger Chroniken als »von der gütigen Natur begabet« gepriesen, übervoll mit Kornfeldern und fetten Wiesen, durchzogen mit Flüssen, in denen Aale und Krebse lebten, dazu die Kühlung, jener waldige mittelgebirgsähnliche Höhenzug im ansonsten platten Land. *Dor wardst 'ne Sprak du hüren/ 'n Sprak so weik, so stur un wohr.* Auch Frieda Ritzerow sprach platt, weich und stur und wahr. Ihr strohiges blondes Haar bürstete sie stets aus der Stirn zurück und steckte es im Nacken zu einem Vogelnest ähnlichen Dutt fest. Ihre Haut roch nach Seesternen, war blank gerieben vom Ostseesand. In ihren klaren wasserblauen Augen spiegelte sich der Horizont. Wenn die Seeschwalben auf Sandbänke bauen, konnte sie auf einen trockenen Sommer trauen. Kamen die Fische früh ans Licht, traute sie dem Tag, dem Wetter nicht. Das gute Wetter riss bald auch aus, wusste sie von klein auf, wenn früh rumort und pfeift die Maus und die Spinne ihr Netz nicht weiterbaut. Und fand man eine Katze gähnend liegen, hatte ihr die Großmutter erzählt, wird es über der Ostsee alsbald Gewitter geben.

Tief verwurzelt in *Mäkelborg* bereitete Frieda Ritzerow besonders gern Kartoffelspeisen zu. Und davon gab es unzählige, zum Beispiel *Tüften un Plum,* Kartoffeln und Backpflaumen in Salzwasser gekocht. Oder Kartoffeln mit frischen Birnen, Kartoffeln mit Graupen, mit Milch, mit Majoran, mit Speck. Wohl am häufigsten stand die tolle Knolle, die der Alte Fritz 1756 unters Volk gebracht hat, als Stampfkartoffel, Bratkartoffel, Heringskartoffel auf dem Tisch. Als Arme-Leute-Essen gingen Kartoffelbrot, Kartoffeln mit Leinöl, Kartoffelpfannkuchen und Kartoffelklöße mit *Schwarzsauer* (Schweineblut, durch zugefügten Essigsud geronnen und schwarz, mit Gänseklein oder Speckschwarten) oder Kartoffelklöße mit Sirupsoße in die Geschichte ein. Heute gelten *Tüften* als Spezialität. Sie sind reich an Vitaminen und Mineralstoffen und machen allen Vorurteilen zum Trotz nicht dick. Gewachsen in den eiszeitlichen Böden Mecklenburg-Vorpommerns haben sie zudem einen ganz eigenen herb-süßen Geschmack, was Köche auf Usedom zu Tüftentagen inspiriert hat. Alljährlich im September wetteifern Restaurants um das originellste Kartoffelgericht. Der Gewinner wird mit dem »Knollo« prämiert. Zu den Auserwählten in der letzten Saison zählten »Gebratenes Zanderfilet unter einer Kartoffel-

Nusskruste mit Rahmspinat und Kartoffelstrudel« und »Hausgebeiztes Zanderfilet mit blau-weißem Tüftenschnee, mariniertem Feldsalat und Frisée«. Hätte Frieda Ritzerow mitgekocht, wäre sie ganz sicher auch in die Endrunde gekommen, sei es mit ihrem Kartoffelpudding aus zwölf Eidottern, sahnig gerührter Butter, Mandeln und geriebenen Kartoffeln oder mit ihrer Kartoffeltorte aus sechzehn Eidottern, einem dreiviertel Pfund Zucker, dem Saft einer Zitrone, Mandeln und Pellkartoffeln. *Wer't mag, de mag't/ wer't nich mag/ de mag't jewoll nich/ mögen.* Angebot zur Verdauung? Mindestens einen doppelten Schnaps oder im Winter, wenn zentnerschwere Eiszapfen an den Seebrücken hängen und sich Eisschollen am Ostseestrand auftürmen, gern auch einen heißen Punsch, wozu Frieda Ritzerow empfiehlt, dass man eine Flasche Weißwein, zwei Flaschen Rotwein, zwei Flaschen Wasser und eine Flasche Rum zusammengießt, zwei Pfund Zucker (ja, Mecklenburger lieben es süß!) und die Schale einer abgeriebenen Zitrone hinzufügt, anschließend das Ganze zum Kochen bringt.

1857, als Fritz Reuter sein Vers-Epos »Kein Hüsing« über die beklemmende Lage der Tagelöhner in Mecklenburg veröffentlichte, trat Frieda Ritzerow ihren ersten Dienst als Köchin im Hotel Hübner in Warnemünde an. In der Seestraße 12 hatte es der Schiffsausrüster Friedrich Gustav Hübner 1853 erbaut, samt kurmedizinischer Betreuung der Gäste mit Seetangbädern im benachbarten Warmbadehaus. Frieda Ritzerow, damals gerade dreiundzwanzig Jahre alt, brachte die nötigen Fähigkeiten für die verantwortungsvolle Position mit. Sie war energisch, aber nicht übermäßig streng, bodenständig und tüchtig und schreckte keinen Wimpernschlag davor zurück, fünf, sechs, mitunter sogar acht, neun oder zehn Gänge unter ihrer Regie herzustellen. Vorteilhaft wirkte sich fernerhin aus, dass sie eiserne Prinzipien hatte, was Ordnung und Sauberkeit in der Küche anbelangt. So impfte sie ihren Kaltmamsellen ein, dass jedes Geschirr, jedes Gerät seinen bestimmten Platz hat, an welchen es, nachdem es benutzt, abgewaschen und abgetrocknet, unverzüglich zurückzustellen war. Aus heutiger Sicht eine simple Sache. Damals nicht, wenn man sich die Fülle aus Fleischwannen, Fischbrettern, Tranchierbrettern, Rollhölzern, Butterformen, Töpfen und Pfannen (getrennt nach solchen aus Kupfer und solchen aus Eisen), Gurkenhobeln, Schaumkellen, Trichtern, Blechen, Reiben, Geleeformen, Cremeformen, Puddingformen, Waffeleisen, Spick- und Dressiernadeln, Waagschalen, Wiegemessern, Mörsern, Suppensieben, Trichtern, Feuerzangen und schließlich Tellern, Schüsseln, Platten und Saucieren vergegenwärtigt. Generalstabsmäßig legte Frieda Ritzerow jeden Morgen vorm Arbeitsbeginn um fünf Uhr dreißig fest, was wann wie zu welcher Uhrzeit anzurichten ist, damit das Servieren reibungslos ablaufen kann: startend etwa mit einer Rübenpüree-Suppe oder einer gequirlten Bouillon, gefolgt von Pastetchen mit Milchfleischragout oder Geflügel-Croquettes über Schweinsrippenbraten mit Backpflaumen oder gekochtem Steinbutt mit Sauerampfersoße bis hin zu Stachelbeerkompott oder Quittenkompott, Flammeries von Kartoffelmehl und Makronen und so weiter und so fort …

1864 wechselte Frieda Ritzerow in die »Küchenwirthschaft« des Hotels Rostocker Hof. Wie das Leben so spielt, ließ nämlich eines bangen Mittags ein Gast im Hotel Hübner »die Köchin« zu sich zitieren. An den Nachbartischen unruhiges Tuscheln. Was beabsichtigte der Herr? Wollte er sich womöglich beschweren? Über den in der Tat einen Tick zu weich geratenen Schüsselhecht? Frieda, überraschend schüchtern plötzlich wie ein Kind, obwohl sie mittlerweile schon die dreißig überschritt, betrat leicht errötet den Speisesaal, strich ihre weiße, mit Rüschen gesäumte Schürze glatt, und da winkte besagter Herr auch schon mit erhobenem Arm, in einer Geste, die eher fordernd als freundlich gesinnt aussah, sodass ihr Herz nur so pochte und es ihr heiß über den Rücken lief. »Noch nie«, hob der beleibte vollbärtige Gast mit Nickelbrille, grauer Weste und schwarzer Fliege an und wiederholte in gedämpftem, aber deutlich vernehmbarem Stakkato, »noch nie« habe er Kapern, habe er Schalotten, habe er Sardellen, Pfeffer und Muskatnuss derart fein komponiert, ja nachgerade verführend auf der Zunge gespürt als in dieser vorzüglichen Soße zum Schüsselhecht! Liebe geht durch den Magen. Und so heiratete jener

Gast namens Bernhard Ritzerow, ein Sprachlehrer und Übersetzer aus Rostock, die bis dahin nach ihrem Vater heißende Frieda Burmeister von Gut Mechelsdorf. Noch im selben Jahr, 1864, wurde Tochter Emma in Rostock geboren.

Die Hansestadt an der Warnow wurde von Reisenden damals als äußerst wohltuend und heiter charakterisiert, zum Teil an Danzig erinnernd, mehr noch an Lübeck, in seiner modernen Ausprägung besonders an Stettin. Würde und Wohlhabenheit repräsentierten ihre hohen hellfenstrigen Giebelhäuser. Vierundzwanzig an der Zahl umschlossen den Neuen Markt. Die Straßen waren sauber und freundlich, belebt von Handwerkern, Schiffern, Kaufleuten und Studenten der Rostocker Universität, der ältesten Alma Mater Nordeuropas. Eine Enzyklopädie listet 1819 für Rostock auf: einen botanischen Garten, ein Jungfrauenkloster zum Heiligen Geist, eine Sternwarte, ein Münzkabinett, Branntweinbrennereien, Tabakfabriken und Zuckersiedereien, zwei Gasthöfe mit Tanzsälen, ein Theater, ein Wasserwerk, die Rostocker Bank und eine Handelsflotte aus hundertfünfzig Schiffen, an deren Bug der schreitende goldene Greif aus dem Rostocker Wappen glänzte.

In diese Betriebsamkeit hinein, der prognostizierte industrielle Aufschwung brodelte schon, eröffnete Dethloff Carl Hinstorff 1864, als auch Frieda Ritzerow nach Rostock zog, in der Lagerstraße eine Verlagsbuchhandlung mit Druckerei. Andere

Standorte existierten bereits in Parchim, Ludwigslust und Wismar. Fritz Reuter war Hinstorffs Erfolgsautor. Frieda Ritzerow sollte 1868 folgen. In jenem Jahr brachte der Verlag ihr »Mecklenburgisches Kochbuch« heraus, eine Sammlung von über achthundertfünfzig »selbst erprobten« (!) Rezepten »für alle, welche der Kochkunst beflissen sind«. Zigtausendfach wurde Frieda Ritzerows Buch verkauft, jahrzehntelang gehörte es zu den Bestsellern im Hinstorff Verlag, eine Neuauflage nach der anderen erschien seit 1982 nach dem fotomechanischen Nachdruck des Originals – bis in die Tage unserer heutigen TV-Kochshows hinein.

Frieda Ritzerow starb im Erscheinungsjahr ihres Buches mit vierunddreißig Jahren. Woran und warum so früh? Das weiß man nicht. Auch ihr Todesdatum kennt man nicht. Spärliche biografische Notizen nur stehen im Vorwort zu ihrem Buch. Dass sie beispielsweise zwölf Jahre lang »in den fünf führenden Mecklenburger Hotels« als Köchin gearbeitet hat und die Schmackhaftigkeit ihrer Speisen hoch geschätzt war. Zwischen den Zeilen ihrer Rezepte indes verbergen sich Geschichten, Gerüche, Geräusche, aus denen sich ein Bild ihres Lebens im alten Mecklenburg entwerfen lässt – ein fantasiertes, wie es gewesen sein könnte und wie es hier versucht worden ist. Drücken wir die Daumen, dass alle, die mit Frieda Ritzerow gekocht haben und es noch immer tun, ihre Rezepte weitererzählen. Am liebsten in Platt, *'ne Sprak, de lacht, 'ne Sprak, der rohrt/ 'ne Sprak so lud und lisen*. Das hat das »Mecklenburgische Kochbuch« verdient, Frieda Ritzerow zu Ehren!

Mit Karl Baedeker & Co. durch Rostock

Fundstücke aus dem Norddeutschen Antiquariat

Allein schon der eigentümliche, gegenwartsferne Geruch! Und das Papier! Mal ist es vergilbt, mal färbt die Druckerschwärze ab, mal ist es so porös, dass man es kaum antasten mag, oft liegt Staub auf den Kanten, hauchdünn, locken neugierig machende Eselsohren, vor allem aber die Fotos oder auch Aquarelle oder Stiche auf den Buchumschlägen. Häufigste Motive sind die monumentale Backsteinkirche St. Marien und ihr zu Füßen der Neue Markt, an dessen pastellfarbenen Hausfronten helle geschwungene Jalousien für Schatten sorgen. Andere Bände, Bildbände vor allem, werben mit dem Warnemünder Leuchtturm in Rostocks elegantem Ostseebad. 1898 wurde der Turm in Betrieb genommen, aus Ziegeln erbaut, mit weiß glasierten Ziegeln verblendet, den unteren Teil bis zur ersten Galerie setzen grün glasierte Ziegelbänder ab. Im Keller lagerten schwere Petroleumbottiche. Bis 1927 brannte in der Laternenstube Petroleumlicht. In vielen Büchern, Broschüren oder auch »Wanderkarten durch die Mecklenburger Bäder«, bunt wie die alten Lieder, verbergen sich mit Bleistift geschriebene anonyme Lebensausschnitte wie zum Beispiel in einem Bändchen über Brunshaupten mit Gut Fulgen und Arendsee: »Zur Erinnerung an unsere beglückende Reise an der Ostsee, Dein H. – Ostern 1931«. Aus jenen Mecklenburger Bauerndörfern machten die Nazis 1938 Kühlungsborn. Und auch diesen Namen behielt man bis heute bei. Krass, wenn man an die Umbenennungswut nach dem Untergang der DDR zurückdenkt! Und auch aus ihren Jahren finden sich Lebensspuren, zum Beispiel in einem Rostockporträt, in dem vorn ein Zettel mit Schreibmaschinenschrift klebt: »Für beste Leistungen im Kollektiv, LPG Tierproduktion Gustow / Rügen 1977«.

Bei jedem Buch, das man in die Hand nimmt und Seite für Seite erfühlt, fragt man sich, wer es wohl mal besessen hat? An welchem Ort es gelesen wurde? Mit welchem inneren Gewinn? Und man staunt nur so über die endlos scheinende Fülle literarischer Beschreibungen zum Mecklenburger Land, von denen das Norddeutsche Antiquariat in der Kröpeliner Straße 15 (Achtung, Eingang um die Ecke!) in Rostock kostbare Erstausgaben anzubieten hat. Doch nicht nur das. In den Regalen, die dicht an dicht bis unter die Decke reichen, ruhen auch inhaltsschwere Brocken zur Rostocker Stadthistorie, voluminöse Bild-Atlanten über Schiffe, Molenbau und Seerettungsmannschaften, Darstellungen über den schwedischen Zoll, den Hafen, die Neptunwerft sowie stapelweise Mecklenburger Monatshefte, Rostocker Hefte und die Klassiker *op Platt* von Reuter und John Brinckman. Walter Kempowski, der Rostocker Schiffsmakler-

und Reedereisohn und unbequeme Biograf der Stadt, stöberte gern im Norddeutschen Antiquariat, besonders in jenem »Hinterstübchen«, schrieb er 1999, wo die »Schwarten« liegen, nach denen er vor Jahrzehnten überall vergeblich Ausschau gehalten hat. Andere prominente Schriftstellerkunden waren Uwe Johnson, Erwin Strittmatter und der Berliner Feuilletonist Heinz Knobloch. Auch der Kinder- und Jugendbuchautor Franz Fühmann gehörte dazu. »Liebe Schatzgräber und Schatzverteiler!«, beginnt einer seiner Postkartengrüße 1978 aus Ungarn ans Norddeutsche Antiquariat, Anschrift: 25 Rostock. Wie einfach unser Leben mal war!

Susanne Thorenz, die heutige Inhaberin, sie strahlt Kompetenz und abwartende Vorsicht aus, ist hilfsbereit und herzlich, bietet uns ein Glas Wasser an und einen Platz, wo wir ungestört stöbern können. Vor ungefähr zwanzig Jahren, erzählt sie uns, übernahm sie die »Schätze« von ihrer Vorgängerin Lore Neumann, der Gründerin des Norddeutschen Antiquariats nach der Teilung Deutschlands. Ihre »Herberge des guten Buches«, so titelte wenig später eine Rostocker Zeitung, sprach sich herum. Speziell auch im Ausland. Und schon bald kamen Anfragen nicht nur von den europäischen Nachbarn, sondern auch aus Japan, Island, Australien, Kanada und den USA. In alle Himmelsrichtungen verschickte Lore Neumann ihre Antiquariatskataloge. Dutzende von Titeln bestellte Lion Feuchtwanger aus seinem kalifornischen Exil, um seine von den Nazis zerstörte Bibliothek so weit überhaupt möglich wieder zusammenzufügen.

Alte Stadtführer und Reiseberichte zu Rostock – das suchen wir heute hier. Auf Platz eins unserer Wunschliste steht Karl Baedekers »Handbuch für Reisende« im legendären roten Einband über »Nordost-Deutschland«. 1892 kam der Renner bereits in der vierundzwanzigsten Auflage heraus, faktenreich und schnörkellos im Stile von: Rostock, alter slawischer Ort, ehemals Mitglied der Hanse, dreizehn Kilometer von der Ostsee entfernt, am linken Ufer der Unteren Warnow, ihre ansehnliche Breite und Tiefe (bis zu fünf Metern ausgebaggert) gestattet mittleren Seeschiffen den Zugang bis zur Stadt. In der Weinstube »Fürst Blücher« empfiehlt der Baedeker »Rheinwein«, im Ratsweinkeller Bordeaux, zum Schluss zählt er auf, »Stadttheater im Sommer geschlossen«, am »Zentralbahnhof« Droschken und elektrische Straßenbahnen, Dampfboote nach Warnemünde im Sommer täglich fünfzehn bis fünfundzwanzig Mal. Auch solche nüchternen Informationen haben ihren Reiz, schnell lesen wir uns fest, erfahren wir, dass sich die Stadt, ähnlich wie Lübeck, ein »altertümliches Gepräge« bewahrt hat.

Auf einem der Rostockpläne im Baedeker, man kann sie aufklappen, marschieren wir mit dem Zeigefinger zum Rathaus am Neuen Markt, »1265 errichtet, 1365–90 mit Türmchen versehen«, die gotische Fassade, lesen wir parallel in Ricarda Huchs berühmten Städtebildern, wurde 1727 durch einen ausdruckslosen Vorbau verdeckt. Im Rostocker Kapitel der kritischen Beobachterin kommt der Markt dennoch gut weg. Wie einen »geräumigen Saal« empfand die Reiseschriftstellerin das gotische Ensemble, »imposant und gemütlich zugleich«.

Und heute? Umringt den Markt ein Mischmasch aus restauriertem Mittelalter, sozialistischem Billiglook und Ketten-Bistros. Weit über zweihunderttausend Einwohner hat die Stadt, fünfmal so viel wie Wismar, wie Stralsund, wie Greifswald. Aussichtslos angesichts solcher Dimensionen, Rostocker »mit Fischblut« im Gewimmel zu identifizieren. Anders im Norddeutschen Antiquariat. Dort lebt jener »prächtigste niederdeutsche Schlag«, dem man ein kerniges Wesen nachsagt, in volkstümlichen Studien und Sittengemälden fort. Und wieder lesen wir uns fest. Walter Behrend heißt der Autor, für uns eine Bildungslücke, für Rostocker nicht. Er wurde 1885 an der Warnow geboren und verfasste über das Rostocker »Naturell« köstliche Feuilletons – getrennt nach Rostockern und Rostockerinnen. Was die Männer anbelangt, so stehe bei ihnen der breite Humor als Erkennungsmerkmal ganz obenan. Und da dieser »bekanntlich« (?) aus reichlichem Alkoholkonsum resultiere, neige der Rostocker zu einer gewissen »Dosis von Sentimentalität«, die aber nie unangenehm wirkt. Zur Untermauerung seiner These greift Behrend auf das lateinische humor, genauer umor = die Feuchtigkeit und / oder umere = feucht sein, zurück. Und belegt dies ferner mit »wässrigen

Augen«, die nebst roten Nasen in einschlägigen Rostocker Kneipen empirisch beobachtbar sind. Warum der Rostocker auch ohne steife Getränke humorvoll ist, entzieht sich Behrends Analyse allerdings. Addieren wir einfach das Wörtchen »trocken« hinzu, dann hätten wir Spaß ohne Alkohol = ohne umor = ohne feuchte Hände = trockenen Humor. Prost! Alles Fremde, Differenzierte, Fragwürdige lehne der Rostocker ab, konstatiert unser Buchautor, der in den wilden Zwanzigern Feuilletonchef der *Münchner Neuesten Nachrichten* war, mit unerschütterlicher Energie strebe der Rostocker hingegen klare Ziele an. Komplementär dazu kennzeichne die Rostockerin vor allem hausfrauliche Tüchtigkeit. Zudem sei sie bieder, zweckmäßig gekleidet und derb, ohne jedes »erotisch-leichte, gefällige Air«. Statt auf Leidenschaft und Temperament, rundet Walter Behrend sein Psychogramm ab, könne man aber bei seinen Landsleuten wie bei allen *Waterkantlern* auf tiefe Treue bauen, komme, was kommt!

Unser Stöberfieber klingt nicht ab, im Gegenteil, in einem Schränkchen gleich vorn am Eingang zum Antiquariat steigt es noch einmal kräftig an. Ansichtskarten und Leporellos spekulieren da auf unsere Sammellust mit Rostocker Mondscheinbildern, Stadtpanoramen, Warnemünder Kurhaus, Promenade, »Teepott«, Hotel Neptun, schäumender Gischt. Dass man an der Ostsee »hellfarbene Oberkleider« tragen sollte, »für den warmen Strandtag gibt es nichts Praktischeres«, rät ein wilhelminischer Prospekt. 1903 kreuzte der deutsche Kaiser anlässlich einer Regatta in weißer Seglerkluft in Warnemünde auf. Ganz Rostock stand Spalier, schwenkte Wimpeln und Fahnen, Spickaal-Verkäufer schrien sich die Lunge aus dem Hals, Kinder futterten Knackwurst. Walter Kempowski hatte den Hohenzollern-Auftritt als kleiner Junge miterlebt. In seinem Sammelband »Mein Rostock«, den es selbstverständlich auch im Norddeutschen Antiquariat gibt, lesen wir uns schon wieder fest.

Viel Zeit bleibt nicht für einen Stadtrundgang. Doch wie heißt es im Baedeker so schön? »Bei beschränkter Zeit: Blücherplatz, Hopfenmarkt, Marienkirche, Neuer Markt, Wallpromenade, Kröpeliner Tor, Fischerbastion.« St. Marien und Markt können wir streichen, kennen wir schon. Blücher mögen wir nicht. Und die Fischerbastion entfällt, weil sie inzwischen ein Riesenparkplatz ist. Der Rest müsste klappen. Oder auch nicht. Auf alle Fälle nehmen wir den Baedeker »Nordost-Deutschland« von 1892 mit, schreiten zur Kasse und verabschieden uns von Susanne Thorenz. Bis zum nächsten Mal im Norddeutschen Antiquariat, tschüss!

Fenster zum Meer

Auf der Hafeninsel von Stralsund

Noch ist es zu früh, um aufzustehen. Doch wir sind schon wach, wurden von der Sonne geküsst, auf die Nase, auf die Stirn. Nein, kein NDR-Küstenkitschfilm! Sondern Zimmer 1 im Hotel Hiddenseer auf der Hafeninsel von Stralsund. Warum das Hotel »Hiddenseer« heißt, also mit »r« am hinteren Zipfel von Hiddensee? Weil man bei guter Sicht von hier aus die lang gezogene schmale Insel mit ihrem Leuchtturm auf dem Dornbusch sieht! Vor allem aber, weil das Hafenrestaurant nebenan, das zum Hotel gehört, mit liebevoll zusammengetragenen originalen alten Schiffsteilen, Ruderblättern, Positionslampen, Netzen und Netzkugeln Hiddenseer Fischer eingerichtet ist und exklusiv in Stralsund Hiddenseer Pils ausschenkt. Ein Muss zum fangfrischen Boddenzander, Barsch oder Aal! Wie in einer Kajüte fühlt man sich außerdem in den Hotelzimmern. Auf den Vorhängen schaukeln blaue Segler, schwimmen Seesterne, von Messing umrandete Bullaugen auf Schrank- und Badezimmertür verleihen dem Interieur ein maritimes Flair. Die Atmosphäre ist behaglich und gediegen. Fehlt nur der Seegang. Aber der kommt nicht (es sei denn, man guckt zu tief ins Glas), zumal der

Strelasund nicht die Ostsee ist, wie fälschlicherweise oft angenommen wird, sondern ein Meeresarm, ein Boddengewässer, mit vier Metern ungewöhnlich tief, welches die Insel Rügen von der Hansestadt Stralsund trennt.

Noch immer ist es zu früh, um aufzustehen. Vom Bett aus beobachten wir den Verkehr, der in zwölfhundert Metern Entfernung wie winziges Spielzeug über die neue Rügenbrücke schwebt. Um der Gorch Fock guten Morgen zu sagen, müssen wir uns aus den Federn bequemen. Doch ein einziger Schritt zum Fenster genügt, und schon ist das weiße Segelschulschiff mit seiner bewegten Vergangenheit linker Hand in Sicht. Die Rügenbrücke liegt rechts. Im Herbst 2003 war die Gorch Fock nach Stralsund zurückgekehrt. Langsam hatte sie sich auf die enge Fahrrinne zu bewegt. Und als sie ihre Versenkungsposition vom 1. Mai 1945 erreichte, dokumentiert ein Stralsunder Zeitzeuge auf seiner Homepage, tutete es aus einem Nebelhorn zum Gedenken an jenen Tag, als die Gorch Fock von der deutschen Wehrmacht gesprengt worden war. Bevor sie am Kai der Volkswerft festmachte, zog die Gorch Fock am Dänholm vorbei, der »Wiege«, wie es so traulich heißt, der preußischen Marine, mithin des preußischen Militarismus auf See. Bis 1990 war der Dänholm Sitz der DDR-Volksmarine. 1999 bezog das Nautineum, eine Außenstelle des Deutschen Meeresmuseums, auf der Insel im Strelasund Quartier und zeigt dort neben Seezeichen und Schaustücken zur Fischerei das weltweit erste begehbare Unterwasserlabor, 1968 in Lübeck konstruiert. Wochenlang waren Taucher zu Forschungen in den Tiefen der Meere mit dem hummerfarbigen Ungetüm namens »Helgoland« unterwegs. Derweil stand das Segelschulschiff Gorch Fock, das den Russen nach dem Zweiten Weltkrieg als Reparationsleistung zugesprochen worden war, im Dienst der sowjetischen Marine – umerzogen zu Kamerad »Towaritsch«. Nach Glasnost und Perestroika segelten Windjammerenthusiasten auf der Bark. Ein unbezahlbarer Reparaturbedarf legte das Schiff über Jahre hinweg lahm. Neuer Eigner wurde 2003 der Verein Tall-Ship Friends. Ihm ist zu verdanken, dass die Gorch Fock nach Stralsund zurückkehrte und mit knallenden Sektkorken auch ihren ursprünglichen Namen zurückbekam.

Tassengeklapper. Kaffeeduft. Auf der Hotelterrasse unter unserem Fenster im ersten Stock werden die honiggelben Sonnenschirme aufgespannt. Die Temperaturen sind frühsommerlich mild, Mitte April! Nun ist es Zeit, aufzustehen. Bei Latte Macchiato und Croissants sinnen wir darüber nach, woher wohl der Name Stralsund stammt? Vermutungen gehen davon aus, dass die Silbe »Stral«, die im Slawischen »Pfeil« bedeutet, mit der Form oder auch Lage des Dänholm zu tun hat. Dafür sprechen überlieferte Belege, auf denen die lateinische Bezeichnung insula strala (Stralinsel) eingetragen ist. Und da es im Ostseeraum schon immer üblich war, Meeresengen nach ihren vorgelagerten Inseln zu taufen, könnte die Verknüpfung von Stral und Sund zu Stralsund stimmen. Andere Meinungen führen den Namen auf jene Siedlung »Strahlow« zurück, die sich Anfang des 13. Jahrhunderts auf der heutigen Altstadtinsel entwickelte und Heringsfang, Heringsverarbeitung sowie Heringshandel betrieb. Fürst Witzlaw I. von Rügen verlieh dieser civitas stralow 1234 das Lübische Recht und hatte damit den Grundstock für ein expandierendes Seehandelszentrum in dieser neuen Stadt am Sund gelegt. 1293 schlossen sich Lübeck, Wismar, Rostock, Stralsund und auch Greifswald zu einem Städtebund zusammen – der Keimzelle der Hanse mit Lübeck und Stralsund als Spitze vornean. Hölzerne Befestigungen wurden zur Sicherung des Stralsunder Hafens errichtet, später massive backsteinerne Hafenmauern. Mehrere Landungsbrücken, damals noch ohne Geländer, reichten bis weit in den Strelasund. Schmiedewerkstätten entstanden im Hafen, stellten Anker, Nägel, Nieten für den Schiffsbau her.

Ja, die Geschichte der Backsteinstädte ist stark wie der Sog eines Ostseestrudels, man muss aufpassen, dass man nicht untergeht. Da hilft nur durchatmen, Kopf hoch und weiterschwimmen, will man einigermaßen verstehen, was man sieht oder umgekehrt sehen, weil man es plötzlich versteht. Zum Beispiel die Hafeninsel. Sie füllt sich allmählich an diesem heiter bis wolkigen Tag mit Reisegruppen, Fotostativen, fröhlicher Stimmung und Staunen. Um 1850 wurde das Areal künstlich aufgeschüttet. Unter Genosse Erich war es trostloses Sperrgebiet. Seit 2008 ist die Hafeninsel ein Magnet, der Stralsunder sowie Ostseegäste aus allen Teilen Deutschlands, aus Europa und der Welt anzieht. Denn im Sommer jenes Jahres wurde hier das Ozeaneum eingeweiht – direkt gegenüber der Gorch Fock, fünfzig Meter vom Hotel Hiddenseer entfernt.

Wie vom Wind aufgeblähte Segel oder vom Wasser umspülte, rund geschliffene Rügenkreide fügen sich die vier weißen Stahlblechbaukörper zwischen die denkmalgeschützten Backsteinspeicher. Schon als der Architektenwettbewerb ausgeschrieben worden war, zeichnete sich ab: Die Stralsunder hatten Appetit auf Transparenz und Leichtigkeit, weniger auf deftige Seemannskost. Für die Begutachtung der über vierhundert eingereichten Entwürfe holte man sich Fachprominenz mit ins Boot, darunter die Osloer Opernbauer Snøhetta, Coop Himmelblau und den britischen Stararchitekten Sir Nicholas Grimshaw. Ausgelobt wurden am Ende die international agierenden Stuttgarter Behnisch Architekten, Vater und Sohn plus hochkarätiger Crew. Eine ihrer Herausforderungen war, eine Lösung für die lichtempfindlichen »Exponate« zu finden. Mit dringenden Bitten wie »Nicht mit Blitz fotografieren! Fische tragen keine Sonnenbrillen!« war das natürlich nicht getan, obwohl man an den Aquarien wortwörtlich diese Hinweise angebracht hat. Im Unterschied zu Abgeordneten im Deutschen Bundestag, dessen

Neuen Plenarsaal Behnisch Senior, der gebürtige Dresdner, 1990 preisgekrönt gestaltet hat, sind Fische weder auf Blitzlichtgewitter und Rampenlicht erpicht, noch bekommt es ihnen. Mitsamt ihren Freunden und Feinden sind die Schuppentiere an die dunkle Unterwasserwelt gewöhnt. Fensterlos sind darum im Ozeaneum alle Aquarienräume, nachtschwarz ausgekleidet und mit sparsamsten Spotlights inszeniert.

Das Granitpflaster der Hafeninsel läuft nahtlos ins Foyer – als würde man »ins Meer« gehen, obwohl das Meer eigentlich auf der anderen Seite liegt. Am Ende der metallgrauen, diagonal ansteigenden Treppe in der von Licht nur so durchströmten Halle ist es wieder umgekehrt. Von dort oben blickt man wie von der Brücke eines Fährschiffes durch eine Panoramascheibe am Horizont ins wirkliche Meer, in die Ostsee. Und zur Orientierung stehen auf dem Glas die markantesten Entfernungen: Danzig dreihundertneunundfünfzig Kilometer, Riga siebenhundertachtundvierzig Kilometer, Bornholm hundertfünfundvierzig Kilometer, Königsstuhl siebenundvierzig Kilometer, Hiddensee achtundzwanzig Kilometer. In einer abermaligen Umdrehung, wie von einer Böe erfasst, führt uns ein Weg zum Auftakt der Ausstellung, einer Art Ouvertüre aus den Brandungsklängen der Weltenmeere, zu hören und zu sehen auf Bildschirmen. Erste Verwirrungen stellen sich ein. Wo sind wir? In einer Luftblase? Getragen von einer Welle? Oder in einer Strömung gefangen? Unter Wasser verliert man schnell die Orientierung. Gefahren lauern, wenn man sich bei Flut hineinbegibt. Doch auch schon ein harmloser Plumps von der Luftmatratze im sommerlichen Ostseebadegewühl vermag panische Reaktionen auszulösen. Ist das Blubbern um Augen und Ohren vorbei, kehrt Erleichterung ein. In der Finsternis der Räume schweift man unbemerkt ab. Oder ist es das Meer, das verborgene innere Bilder aus den Tiefen an die Oberfläche spült? Mit paradiesisch schönen Muscheln und Schneckengehäusen, »Kunstwerken aus Kalk«, fasziniert eine umgehbare Vitrine, scheinbar zufällig und richtungslos in den Raum gestellt. Und niemals zuvor haben wir Plankton, das »Dahintreibende«, so überdimensional vergrößert gesehen – wie aus Mund geblasenem Glas in den Formen von Atomen oder chemischen Gefäßen, flimmernden Fransen, wundersamen Panzern, Fühlern, zauberkundigen Gesichtsausdrücken! Ein einziger Meerestropfen kann Tausende solcher Geißel- und Wimperntierchen enthalten. Im Ozeaneum hängt ein Riesenbündel unter der Decke im Ostseeraum, diffus angestrahlt. Darunter in einer Vitrine (fast alles umschließt Vitrinen) pflanzliches Plankton, ebenfalls nachgebildet, nass glänzende Algen, braune, gelbe, grüne, frisch gepflückt aus den Meeresurwäldern und von Muschelbänken, so könnte man meinen, und nun in einem eigenen Garten hier angelegt. Dass die Ostsee in ihren Umrissen wie ein Krokodil mit weit aufgerissenem Rachen und eingekrümmtem Schwanz aussieht, will ein Relief illustrieren, ein merkwürdiger Vergleich, finden wir. Doch wenn schon das Raubtier aus den Tropen mit der Ostsee in Verbindung gebracht werden soll, dann eher so, schlagen wir vor, wie es Albert Einstein 1918 von Ahrenshoop auf dem Darß einem Freund mitteilt: »Ich liege am Gestade wie ein Krokodil, lasse mich von der Sonne braten, sehe nie in eine Zeitung und pfeife auf die so genannte Welt!«

Kinder kriegen sich kaum ein, sind vor Aufregung völlig aus dem Häuschen: »Da sind ja Schweinswale! Wie süß! Und die Seehunde, die Robben! Voll goldig!« Die präparierten Exemplare werden beseelt. Umso schockierender wirken die vielen Informationen zu den Meeresgefährdungen: durch Dreck und Wracks und Kriegsaltlasten, Schiffsverkehr und Pipelines, martialische Jagden und hoch technisierte Industriefangflotten, die die Meere plündern und als Beifang über Bord werfen, was nicht verwertbar ist – Jungfische, Seesterne, Krebse, Delfine, Wale, Haie, egal, ob tot oder verletzt. Mit Abstand am brutalsten geht die Grundschleppnetzfischerei vor, gierig durchpflügt sie die Meeresböden mit Netzen, an denen Stahlbretter und Ketten hängen, sodass alles, was ihnen in die Quere kommt, zermalmt wird. Jahrtausendealte Korallenriffe wurden schon zerstört.

Das Ozeaneum ist keine Unterhaltungssendung zur Flora und Fauna, sondern eine zeitkritische naturkundliche Schau, die erfahrbar macht, dass wir lediglich Besucher der Meere sind und die verdammte Pflicht haben, respektvoll und achtsam mit ihren Reichtümern und Schönheiten umzugehen. Aufrüttelnde Sätze graben sich ins Gedächtnis ein: »Weltweit brechen die Bestände des Roten Thuns zusammen. Für die Ausstellung konnte kein Tier mehr beschafft werden!« Und unter der Überschrift »Verschwendetes Leben« steht zu lesen, dass nur ein Teil des weltweiten Fischfangs der menschlichen Ernährung dient, allein ein Viertel zu Tierfutter verarbeitet und »Hühnern und Schweinen zum Fraß vorgeworfen« wird.

Viele Besucher sind entsetzt, nachdenklich, bewegt, alle wollen mehr über die Meere wissen. Und vor den verschiedenen Aquarien, im Falle der Ostsee heißen sie »Bodden«, »Kreideküste«, »Kattegat«, »Schären«, bilden wir uns ein, den einen oder anderen Pulsschlag neben uns zu spüren. Wo kann man schon so nah versteckte Seenadeln und sogar einen Seehasen in einer Seegraswiese entdecken? Dorsche und Hornhechte dabei beobachten, wie sie ihre Bahnen ziehen? Seeanemonen anhimmeln? Versuchen, einen Steinbutt von einer Flunder zu unterscheiden (was nur wenigen gelingt) und darüber philosophieren, ob es sich besser links- oder rechtsäugig lebt?

Unerwartet eröffnen sich von einem zum anderen Ozean unter Glasschrägen und Stegen immer wieder auch Aussichten auf die Stralsunder Altstadt, auf die Backsteinkirche St. Jakobi. Durch mehrere Tore wurden früher alle am Hafen anlandenden Waren in die Stadt transportiert, Schiffszimmerleute, Ankerschmiede, Segelmacher, Seiler wohnten hier. Die während der Hanse angelegten Straßen, Plätze und über fünfhundert Backsteinhäuser haben die Zeitstürme bis heute überlebt – ein wahres Wunder für die alte Seehandelsstadt und Garnison, in der die Weltgeschichte kaum ein Gemetzel ausgelassen hat, von Wallenstein über Napoleon bis hin zu amerikanischen Bombern.

Zurück in der Meereswelt treiben wir »hinter der Ostsee« in neue Meerestiefen hinab, zum Riesenschwarmbecken. Pathos ist hier angebracht. Denn hinter einem achtzig Quadratmeter großen Fenster blitzen Hunderte von Heringen in überwältigend akkurater Anordnung hin und her, als führten sie eine einstudierte Kür zum Synchronschwimmen vor! Die Acrylglasscheiben sind konkav gebogen, dreißig Zentimeter dick und werden regelmäßig von Tauchern sauber geputzt. Aquarientechniker kontrollieren die Wasserqualität. Aus dem Strelasund, der zu trübe und zu salzarm ist, wurde das Wasser nicht gepumpt, sondern aus Trinkwasser und Meersalz im Ozeaneum gemischt. Tierpfleger passen auf, dass es keinen Streit im Becken gibt. Beim Laichen in den Boddengewässern vor Rügen wurden die Heringe mit Reusen gefangen und anschließend mit Eimern vorsichtig herausgeschöpft. Denn anfassen darf man Heringe nicht, das überleben sie nicht. Und beim Fang mit Netzen verlieren sie Schuppen, woran sie sofort eingehen. Schon ein Kratzer an ihrem Silber kann tödlich sein.

Von einer »Liebeserklärung an die Meere« spricht Ozeaneum-Chef Harald Benke, wenn er die neue Filiale des Deutschen Meeresmuseums, das seinen Stammsitz seit 1951 im Stralsunder Katharinenkloster hat, beschreibt. Das ehrwürdige Domizil war das beliebteste Museum seinerzeit in Deutschlands Osten, in Deutschlands Westen kannte es niemand oder hatte es niemand zur Kenntnis genommen. Spätestens in den neunziger Jahren reichte der Platz dort nicht mehr aus, dachte man über Erweiterungen nach. Doch völlig utopisch wäre gewesen, die »Riesen der Meere« unterzubringen – jene Nachbildungen von Walen im dramatischen Verhältnis von eins zu eins, die nun im Tiefseedunkel des Ozeaneums »schwimmen«.

Kunststoffliegen stehen im Halbkreis »auf dem Meeresboden« für die Besucher nebeneinander aufgereiht. Keine ist mehr frei. In wenigen Minuten beginnt das sinfonische Konzert der größten Säugetiere, die die Evolution je hervorgebracht hat. Der Raum ist über zwanzig Meter hoch, hat eine gute Akustik. Wale, besonders Buckelwale, sind für ihre musische Begabung berühmt. Ihre langen Pfeiftöne und dröhnenden Bässe, ihre Rufe, ihre herzzerreißenden Seufzer und sopranistischen Sirenen werden bis zum Jüngsten Tag nachklingen.

Krönung einer Königin

Im Baltischen Orgelzentrum

Stralsund weinte – vor Rührung und vor Freude. Denn über vier lange Jahre musste ihre alte Dame schweigen, hatte man sie ausquartiert, in Tausende von Teilen zerlegt, ihren Gesundheitszustand durchleuchtet und sie anschließend, da der Befund mehr als beängstigend war, mit einem Top-Team aus Dresden, Potsdam, Andel in den Niederlanden und der restlichen Welt in einer beispiellosen Rettungsaktion kuriert! Vor allem für ältere Stralsunder, die St. Marien seit ihrer Kindheit zu Gottesdiensten besuchen, ging jener 28. September 2008 als ein ganz großer Tag in ihr Leben ein, als »der glücklichste Tag«, sagten manche. Denn ihre alte Dame war wieder da! Kaum wiederzuerkennen und mit einem völlig neuen Klang – durchsichtig, hell und rein! Dabei besaß die barocke Orgel auch nach ihrer mühevollen Rekonstruktion in den fünfziger Jahren eine ungeheure Ausstrahlung. Nicht umsonst ist sie das größte aus dem 17. Jahrhundert noch erhaltene Instrument in Europa und eines der schönsten überhaupt! »M. FRIEDRICH STELLWAGEN HAT DIESES WERCK VERRICHTET. ANNO 1659« steht auf einer von zwei Engeln eingefassten Kartusche unterhalb des Rückpositivs. Die längste der dreitausendfünfhundert Pfeifen misst zehn Meter, die winzigste acht Millimeter. Die Mannigfaltigkeit der Register offenbart den ausgeprägten Sinn für klanglichen Farbenreichtum, der sich gerade in St. Marien besonders gut entfalten kann. Die spätgotische Kathedrale wurde um 1380 als eine der letzten sakralen Backsteinkunstwerke an der Ostsee gebaut, am Neuen Markt in der Hansestadt, wo sie wie eine Trutzburg, die zugleich Schutz und Wehrhaftigkeit verkündet, mit ihrem rot leuchtenden Ziegelturm, verziert mit Gesimsen und Balustraden einhundertvier Meter hoch ins Ostseefirmament ragt. Ursprünglich war die Turmspitze sogar über einhundertfünfzig Meter hoch, der »wohl größte Turm der Christenheit«, heißt es in einer Kirchendenkschrift. Doch ähnlich wie in anderen Ostseeküstenkirchen schlug 1647 ein Blitz in den Turm ein, der daraufhin ins Kirchenschiff gestürzt war und die Orgel, die bis dahin in St. Marien spielte, zerstört hatte. Viele Brandstellen im Kircheninnenraum zeugen von dem Unglücksfall.

Schon bald beauftragte die damals reiche Hansestadt Friedrich Stellwagen, den »Silbermann des Nordens«, eine neue Orgel für St. Marien zu bauen. Und das tat er in einer Weise, wie sie prächtiger nicht hätte sein können: schwalbennestartig »klebte« die Orgelempore dicht unter dem Gewölbe im schmalen Mittelschiff, überreich geschmückt mit Gambe, Querflöte und Violine spielenden Engeln, die das »himmlische Orchester« der Orgel symbolisieren, gekrönt von Sonne, Mond und Sternen sowie einer Weltkugel, die mit ihren ausgebreiteten Flügeln die Menschheit zu umarmen scheint. Unterhalb des Orgelgehäuses bläst ein Engel in feierlicher Positur eine Fanfare.

1659 hatte Friedrich Stellwagen das Meisterstück fertig gestellt, so wie es in jener Schrifttafel unterhalb der Kartusche festgehalten ist. Die Orgel in St. Marien bildete den Schlussakkord seines Lebenswerks. Wenige Monate später war Friedrich Stellwagen tot. Das genaue Datum kennt man nicht, was für jene Zeit nichts Ungewöhnliches ist. Der Orgelbaumeister hatte in Lübeck seine Werkstatt und war der einzige Orgelbauer in der Hansestadt. Viele Aufträge bekam er aus dem Umland. So auch aus Stralsund.

Schicksalsschläge, zum Beispiel 1770 die Explosion eines Pulverturms in der Nachbarschaft der Kirche, die das gesamte Marienquartier verwüstete, Kriegsbeschädigungen, Verschleiß, Verunreinigungen, Umbauten mit neuen Pfeifen, neuen Bälgen, erweiterten Windkanälen und nicht zuletzt klangliche Eingriffe im Zuge des sich wandelnden Geschmacks – all das hatte das Antlitz der alten Orgel und vor allem ihr Stimmsystem im Laufe der Jahrhunderte erheblich verändert. Die tiefste Zäsur ereignete sich jedoch 1943, als man die Orgel bis auf ihr Skelett, das Balkengerüst, abmontierte, um sie an einen »bombensicheren« Ort zu bringen. Auserkoren wurde dafür Schloss Keffenbrinck nicht weit von Stralsund bei Grimmen. Dass bei dieser abenteuerlichen Operation nicht gerade pfleglich mit dem »historischen Kulturgut« umgegangen wurde, lässt sich denken, obwohl die Auslagerung angeblich mit Sorgfalt vonstatten gegangen sein soll. Ungleich schlimmer war allerdings, was man Engeln, Schnitzwerk und Pfeifen an ihrem gutsherrlichen Notquartier zugemutet hat, nachdem Hitlers Krieg zu Ende war und St. Marien – Ironie der Geschichte? – nicht eine einzige Schramme abbekommen hatte: Unmengen von Orgelpfeifen, Holzfüllungen und Gehäuseteilen wurden im Frostwinter 1944 von den im Schloss untergebrachten Flüchtlingen aus dem Osten verheizt. Doch damit nicht genug. Haufenweise gingen Ornamente, Engel, Figuren bei der »Rückführung« der Orgel nach Stralsund, die die sowjetische Militäradministration 1945 angeordnet hatte, zu Bruch. Zeitzeugin war die Stralsunderin Käthe Rieck, eine Mitarbeiterin des Kulturhistorischen Museums, welches die damals junge Frau mit der Mission betraut hatte, nach Schloss Keffenbrinck zu fahren. Denn außer der Orgel hatte man 1943 auch Museumsbestände dorthin ausgelagert. In ihren erst jetzt veröffentlichten Erinnerungen erzählt Käthe Rieck von dem Chaos, das sie vor Ort vorgefunden hat. Doch erst einmal musste sie überhaupt nach Grimmen kommen, mit der Bahn, was allein schon ein Erlebnis der besonderen Art gewesen war: die Wagen »schmutzig, ohne Scheiben, mit zerrissenen Gepäcknetzen und dicht gedrängt zerlumpte, kranke, heimkehrende Kriegsgefangene«, mit einem Pferdefuhrwerk dann über Schlaglöcher von Grimmen weiter zum Schloss, dort verzweifelt die Orgelteile gesucht, die »wüst« unter Schutt und Scherben zerstreut in allen Ecken lagen, an den Plastiken vom Orgelprospekt waren die Nasen, Ohren, Finger »abgehackt«. Und dieser ganze traurige Anblick musste nun auf »Gummiwagen« nach Stralsund befördert werden, was abermals ziemlich ruppig ablief. Denn »die Russen jauchzten förmlich« bei jedem Stück, das zerbrach, zerbeulte oder auseinandergefallen war. In Stralsund angekommen, wurden die Orgelteile in der Turmhalle von St. Marien wie Kraut und Rüben abgeladen. Käthe Riecks Manuskript auf dünnem Durchschlagpapier mit Schreibmaschine getippt, ruhte über fünfzig Jahre als streng vertrauliche »Verschlusssache« in einer Akte im Kirchenarchiv. Ihre unbefangenen Äußerungen zur »Russentour«, die heute zur Biografie der Orgel gehören, waren für jene, die damals das Sagen hatten, ein Tabu.

Mit bewundernswertem Optimismus machte sich 1952 der Potsdamer Orgelbauer Karl Schuke daran, die Trümmer wieder zusammenzubauen, unterstützt von dem damals neu eingestellten Kantor Dietrich W. Prost, der sich bis zum letzten Tag seiner Amtszeit mit allen nur denkbaren Kräften für die Orgel eingesetzt hat. Beide Männer waren sich schnell einig, dass sie den Zustand von 1943, der mittlerweile aus mehreren historischen Schichten bestand, nicht wiederherstellen wollten. Sie wünschten sich den stilreinen Klang des Barockinstruments im Sinne Stellwagens zurück. Angesichts des Materialmangels in der DDR war das aber nur begrenzt möglich. Denn nicht allein Metall fehlte in den erforderlichen Mengen, auch Eichenholz und vieles, vieles mehr. Kiefer und Presspappe mussten darum her, nicht schön, aber besser als gar nichts. Pünktlich zu ihrem dreihundertjährigen Bestehen spielte die Orgel 1959 wieder in St. Marien – eine grandiose Leistung! Zu restaurieren blieb indes noch ein Riesenprogramm: die Spielanlage, das Pfeifenwerk, die Windladen sowie die fehlenden oder noch nicht wieder angebrachten Ornamente des Orgelprospekts.

1997 wurde Martin Rost Nachfolger von Dietrich W. Prost als Kantor in St. Marien. Der in Halle an der Saale geborene Organist, der schon während seines Studium an der Hochschule für Musik in Leipzig zweiter Organist im Leipziger Gewandhausorchester gewesen ist, brachte viel Elan in die Hansestadt mit und begründete 1998 die »Friedrich-Stellwagen-Orgeltage«. Spätestens als einem Engel plötzlich ein Flügel abbrach, fiel auf, dass sich der Holzwurm in der Orgel behaglich eingerichtet hatte. Kaputte Windladen beeinträchtigten den Pfeifenklang, ganz zu schweigen von der Spielanlage und dem Pfeifenwerk. Vor diesem Hintergrund trommelte Martin Rost 1999 eine Gruppe hochkarätiger Orgelspezialisten zusammen. Sie sollten eine umfassende Bestandsaufnahme des Instruments machen. Die wissenschaftliche Leitung übernahm das Göteborg Organ Art Center. Eine vierhundertseitige Dokumentation einschließlich Handzeichnungen, Fotos, Tabellen und Schadenskartierung war ein gutes Jahr später das Resultat. Alles wurde erfasst, von der Emporenkonstruktion bis zur kleinsten Öse am Türbeschlag, ergänzt mit den lange verschollenen Bauakten der Orgel, die während der Recherchen wie ein Geschenk des Himmels aufgetaucht waren. Ein irdisches Geschenk traf wenig später aus Hamburg in Stralsund ein: die Zusage der Hermann Reemtsma Stiftung, dass sie die vollen Kosten für diese größte Orgelrestaurierung, die es je in Deutschland gab, übernehmen werde.

Am 7. Februar 2004, dem Tauftag Friedrich Stellwagens, fand die feierliche Unterzeichnung des Restaurierungsvertrags in St. Marien statt. Und bevor das Unternehmen startete und sich die Restaurateure daran machten, die Pfeifen auszubauen, erklang die Orgel am 3. Oktober ein letztes Mal – es war das Abschiedskonzert für die alte Dame, gespielt von Martin Rost und allen Mitgliedern der Orgelkommission.

Reisen nach Lettland, nach Polen, nach Schweden, Holland und Ostfriesland begleiteten die Restaurierungsarbeiten von Anfang an, um sich über vergleichbare Barockorgeln in Stellwagens Denkweise hineinversetzen zu können. Historische Quellen äußern sich kaum dazu. Und so fehlten wichtige Informationen zum Beispiel über die Konstruktion oder auch Größe der Bälge in Stralsund. Zwar hatten die Orgelbauer herausbekommen, dass es zwölf Stück aus guter deutscher Eiche gewesen waren. Aber wie sah es um ihre Proportionen aus? Ein anderes Problem: Früher wurde mit Fuß und Zoll gemessen. Umgerechnet ergibt das aber nicht dasselbe wie Meter und Zentimeter und ist mit einem völlig anderen räumlichen Empfinden verknüpft. Die Liste offener Fragen war ellenlang und sobald eine Antwort in den ungezählten Gesprächen mit Orgelbauern in Lübeck oder Schwerin oder Hamburg herausgekommen war, stand schon eine neue Frage auf dem Plan. Eine der entscheidenden: die »Stimmungsart«.

Ab Frühjahr 2005 kehrten die ersten restaurierten Orgelteile nach St. Marien zurück. Und um auch die Stralsunder an diesem Erlebnis teilhaben zu lassen, kam man auf eine lustige Idee: Aus dem Bauregister der Orgel hatten die Restaurateure entnommen, dass Friedrich Stellwagens Blasebälge 1655 aus seiner Werkstatt in der Nähe des Lübecker Doms per Schiff angeliefert worden waren. Soldaten schleppten die Ungetüme, als das Schiff in Stralsund vor Anker gegangen war, durch die Stadt bis zum Neuen Markt. »Das stellen wir nach«, hieß es einstimmig von der Orgelkommission, »und zwar mit einem historischen Lastensegler!« Aus der Marineschule heuerten sie Offiziersanwärter an. Und da nur ein Balg stellvertretend für alle zu tragen war, das Ganze also nicht in Schwerstarbeit ausartete, brachte das Spektakel doppelt Spaß. Mit Pauken und Trompeten zogen »die Soldaten« bei strahlender Sonne wie damals durch die Stadt zum Markt, mit von der Partie die

Orgelkommission in barocken Kostümen, Hunderte von Kindern jubelten am Straßenrand – sie hatten schulfrei bekommen.

Im Herbst 2007 fiel das Orgelgerüst, das war der nächste große Höhepunkt. Nun begann die Suche nach dem Klang, eine der schwierigsten Aufgaben überhaupt. Nach monatelangem Tasten und Probieren und immer neuem Hineinfühlen in die Klangwelt des Barock, entschied sich die Gemeinde von St. Marien, die Orgel »mitteltönig« zu stimmen – also in jenem stilreinen Klang, wie er seinerzeit auch Karl Schuke und Dietrich W. Prost vorgeschwebt war.

Am 28. September 2008 eröffnete Martin Rost die »Friedrich-Stellwagen-Orgeltage« in St. Marien mit der komplett restaurierten Orgel unter dem Motto »Krönung einer Königin«. Die alte Dame trug ein Gewand, das sich niemand, der sie vorher kannte, je hätte träumen lassen: die Engel schlohweiß, ihre Flügel in glänzendem Gold, die silbernen Orgelpfeifen edel und stolz und Sonne, Mond und Sterne leuchteten – der ganze Orgelprospekt strahlte wie ein opulent bestickter Brokat.

Meisterkurse werden inzwischen in St. Marien durchgeführt, und Organisten von nah und fern haben den weltweit einzigartigen Klang der neuen alten Stellwagen-Orgel »gekostet« und ausprobiert. Die alte Musik aus dem »Goldenen Zeitalter« norddeutscher Orgelkunst von Heinrich Scheidemann, Franz Tunder und Dietrich Buxtehude, die in die Backsteinkirchen wie der Ostseewind zu den Ostseewellen gehört, klingt mit den neuen Orgelpfeifen »schlank« und »frisch«, überrascht es immer wieder den Kantor Martin Rost. Und bei Gottesdiensten wird neuerdings engagierter mitgesungen. »Das kommt von den reinen Akkorden!«

Die Krönung der Königin machte Stralsund zum Baltischen Orgelzentrum. Und um die vielen vergessenen oder wenig beachteten Klangschätze mit eigenen Augen und Ohren wahrzunehmen, werden Orgelreisen gemacht – in Dörfer und in die Backsteinstädte entlang der Ostsee bis nach Stettin und Danzig.

Manchmal, noch spät in der Nacht, zwitschern auf dem Kirchhof von St. Marien helle bunte Vogelstimmen. Der Kantor sitzt dann an seiner Orgel und improvisiert.

Fragmente einer Romanfigur

Café Koeppen in Greifswald

Von hier also ist er. Aus diesem Haus in der Bahnhofstraße 4. Seine Mutter war Weißnäherin, stickte Monogramme in Tischtücher und Servietten, flickte das Bettzeug Pommerscher Rittergüter. Maria Köppen bekam dafür einen anerkennenden bescheidenen Tageslohn. Er musste für sie und ihren kleinen Sohn reichen. Wolfgang Arthur Reinhold saß oft unter ihrer Nähmaschine, beobachtete, wie die Füße seiner Mutter das Tretwerk bedienten, während die weißen Tücher unter der Nadel durchliefen, aufstiegen, fielen und sich vor seinem Blick hoben und senkten wie der Vorhang einer Bühne. So beschreibt es der siebzigjährige Wolfgang Koeppen 1976 in seinem Buch »Jugend«. Seinen Nachnamen hatte er sich irgendwann in jungen Jahren von Köppen in Koeppen ändern lassen, Arthur Reinhold gestrichen. Wir haben uns Koeppens Buch aus dem Regal im Café Koeppen genommen, können von unserem Platz aus auf die Bahnhofstraße schauen. Der gleiche Blick wie damals? In dem abgegriffenen, wer weiß wie oft verschlungenen »Band 500« der Suhrkamp Bibliothek steht auf der linken Seite neben dem Titel, wo sich sonst persönliche Widmungen finden, klein gedruckt: »Der Autor wich bewusst von der üblichen Interpunktion ab.« Auf der nächsten Seite ein Zitat von Goethe: »Das Gedichtete behauptet sein Recht, wie das Geschehene.« Auf der übernächsten Seite beginnt Koeppens Text. Sein erster Satz: »Meine Mutter fürchtete die Schlangen.« Sein zweiter Satz braucht viereinhalb Seiten, bis ausgesprochen ist und ein Punkt gesetzt werden kann, »wie hasste ich die Stadt« – der Gemütszustand des Greifswalder Kindes in dem alternden Mann.

Wir schlürfen einen heißen Milchkaffee und erinnern uns: Als Wolfgang Koeppens »Jugend« 1976 erschien, klatschte die Kritikerzunft, taumelte alles wie im Rausch. Endlich war es da, das lang ersehnte neue Buch, besser gesagt, ein neues Buch! Namentlich Verleger Siegfried Unseld hatte Tag für Tag auf »die ›Jugend‹« gewartet, »wie man nur auf ›Jugend‹ warten kann«. So formulierte er es einmal. Denn nach der Romantrilogie »Tauben im Gras« (1951), »Das Treibhaus« (1953) und »Der Tod in Rom« (1954) hüllte sich Wolfgang Koeppen in Schweigen. Was Romane anbelangt, jedenfalls. Der nachmalige literarische Quartettmeister Marcel Reich-Ranicki überschüttete Koeppens »Jugend« mit poetischen Preziosen, zog Parallelen zu James Joyce, John Dos Passos, Alfred Döblin. Sensationell wurde das Buch besonders auch daraufhin verkauft. Debatten um die literarische Gattung der »Jugend« begannen. Ist es ein autobiografischer Roman? Ein Prosagedicht? Koeppen selbst hatte »eine Schrift ruhigster Betrachtung« beabsichtigt, weiß man inzwischen aus seinem Nachlass hier im Haus in der Bahnhofstraße 4 im Wolfgang-Koeppen-Archiv. Es ist neben dem Koeppen-Café in einem Seitenflügel untergebracht und gehört zur Greifswalder Universität. Über zehntausend Bücher lagern dort aus Koeppens Nachlass, Briefe, Fotos, Adressbücher, Dokumente. In drei Dutzend Mappen mit der Aufschrift »Jugend« werden Berge von Notizzetteln und Konzepten aufbewahrt: Textanfänge, Textfassungen, stilistische Überlegungen, Verwerfungen, Methodisches, und auf einem Titelblattentwurf nennt Wolfgang Koeppen sein Projekt »Jugend. Fragment einer Fiktion«.

Die Lektüre ist harter Tobak. Besser als Milchkaffee passt Cognac dazu. Jener viereinhalbseitige Satz klingt wie die schluchzende, immer wieder abgebrochene, weil nur mühsam über die Lippen gebrachte Antwort eines Kindes, das man nach dem Grund seiner Tränen fragt. Und es erzählt uns, weil wir zuhören, weil wir es ernst nehmen, von warmen Sommertagen, an denen es mit seiner Mutter durch die bei Sturmfluten vom Meer überspülte Flur auf brackigem Grund hinausging, »das Gut zu sehen«. Und die Mutter schrie das Kind an, hämmerte ihm ein, dass das Gut Besitz der Familie gewesen sei! »Verlust und Leid«, schreibt Wolfgang Koeppen, »sie sollten mein Erbe sein.«

Was es mit jenem Gut auf sich hatte, weiß man nicht so genau. Fest steht lediglich, dass es in Lodmannshagen zwischen Greifswald und Wolgast lag und Maria Köppens Mutter Emilie dort aufgewachsen war. Hatte ihr Vater das Gut verwaltet? Und jener Gutsinspektor, dem sich Emilie nach ihrer gescheiterten Ehe anvertraute und von dem sie mit Maria schwanger geworden war, hatte er das Vermögen veruntreut? Oder sonst wie durchgebracht? In den müden Augen seiner Mutter las Wolfgang Koeppen, bevor er buchstabieren konnte, ihre Bitterkeit, und in den Augen seiner Großmutter las er »wuchernde Verzweiflung« über den Verlust der Ehrbarkeit.

Wir hören dem Kind weiter zu. Es hat sich gefangen, seine Tränen getrocknet und erzählt nun vom Rückweg mit seiner Mutter, fort von dem verlorenen Gut gegen Abend, als Mücken über den Tümpeln »salziger Nässe« tanzten und die Mutter plötzlich erschrak. Im Gras raschelten die »tückischen Ottern«, die Schlangen, die sie fürchtete, die Mutter eilte fort. Donner und Blitz rückten über Greifswald heran, die Wolken färbten sich blauschwarz, violett. Wolfgang Koeppen erlebte damals die Silhouette der Stadt, wie sie Caspar David Friedrich 1820 aus der Perspektive der »Wiesen bei Greifswald« gemalt hat. Im Hafen schliefen die Schiffe, die Segler, die Boote. Und die Türme von St. Nikolai, St. Jakobi, St. Marien, »aus rotem Backstein gegen den nie erreichten Himmel gebaut«, erschienen ihm wie »tollkühne Festungen«. Dann, gegen Ende des viereinhalbseitigen Satzes, brodelte, ja brach es geradezu aus dem Kind, das Koeppen war, heraus, dem Kind, das auf die Mutter zutiefst angewiesen war, sie aber auch schützen wollte und zugleich unter ihrer Bürde litt – unverdauliche Lebensbrocken aus den Gassen der alten Stadt. Wolfgang Koeppen hasste Greifswald in seiner Jugend. Wann hatte er von seinem Vater erfahren?

Dr. Reinhold Halben hieß er, ein Privatdozent für Augenheilkunde, der in dieser Gegend der Ostsee wegen seiner Leidenschaft, der Ballonfahrt, vielen ein Begriff war. In der Bahnhofstraße 44/45 hatte der Universitätslehrer gewohnt, im Königlichen Landratsamt. »Klebriges Getuschel« musste Maria Köppen ertragen, »Krötenaugen« glotzten ihr nach, als sich das Verhältnis zwischen ihm und ihr in Greifswald herumsprach und nicht mehr verheimlicht werden konnte, dass sie in anderen Umständen war. In ihrer Not suchte sie zwielichtige Adressen auf, flößte sie sich böses Gebräu ein, schlug sie sich auf den Leib. Eine Fiktion? Am 23. Juni 1906 brachte Maria Köppen in der Bahnhofstraße 4 ihren Sohn zur Welt. Der Privatdozent für Augenheilkunde stand nicht am Wochenbett. Feige verdrückte er sich, zahlte mickrige Alimente, stellte diese bald ein und stritt die Vaterschaft ab. Noch einen Cognac!

Junikinder, sagt man, würden wie Schmetterlinge durchs Leben schwirren, und wenn die Wiesen um sie herum nicht blühen, träumen sie sich Blüten herbei. In Masuren, wo Maria Köppen nach dem Tod ihrer Mutter, sie starb 1908, mit ihrem Junikind vorübergehend gelebt hat, begannen die Wiesen zu blühen – weit weg von Greifswald, weg von den Burschenschaften und Helmbüscheln und den Dämonen hinter fremden Gardinen. In Masuren bei Marias Stiefschwester Olga und Baurat Theodor Wille – sie führte ihm den Haushalt und war auch seine Lebensgefährtin – fühlte sich der Junge pudelwohl. Draußen sein! Im Garten, auf den Feldern, unter Kornblumen! Und wie der Vierjährige, der Fünfjährige hüpfte! Die Pferde streichelte und sich auf ihrem Rücken liegend, auf ihrem wärmenden Fell, den Vögeln ein gutes Stück näher, zum ersten Mal richtig spürte! Als er größer wurde, schreibt Koeppen in seinem Buch, fühlte er sich oft innerlich zerrissen, er musste aufpassen, dass ihm seine Seele »nicht entwischt«. Bei »Tante Olla« und »Onkel« Wille war es genau umgekehrt. Und wie herrlich ihre riesige Bibliothek! Stundenlang vergrub sich der Junge in die schweren Kunstbücher, in die mit Leder eingebundenen Enzyklopädien, Geschichtsabhandlungen, und Architekturbände, an Piranesis Kupferstichen konnte er sich nicht sattsehen. Abends las ihm seine Mutter Märchen vor. Die Wiesen blühten.

Koeppen blieb zeitlebens ein Lesender, wandelnd in der Fantasie, dem Labyrinthischen und Unaussprechlichen näher als der Außenwelt. Dass er nicht selten die Schule schwänzte, um zu Hause unter der Bettdecke in Reclams Universalwelten zu entfliehen, wundert kaum. Seiner Mutter machte das natürlich Kummer. Besonders schlimm war für sie, als sie 1919 nach Greifswald zurückkehrten und ihr Junge wenige Wochen nach seinem vierzehnten Geburtstag die Schule schmiss. Doch er hasste die Greifswalder Paukanstalt, wie er die ganze Stadt hasste. In bester Gesellschaft mit Thomas Mann verzichtete Wolfgang Koeppen aufs Abitur.

Mit pubertärem Heldentum hatte dieser harte Schnitt wenig zu tun. Viel hingegen mit dem festen Willen eines Einzelgängers, sich ein wetterfestes Lebensgerüst abseits planierter Pfade zu bauen. Bevor er 1923 die Stadt verließ, mit gerade mal sechzehn Jahren, und sich als Schiffsjunge auf einem Frachter zwischen Finnland, Schweden und Stettin Wind um die Nase pusten ließ, sammelte er in Greifswald noch ein paar blühende Blumen am Wegesrand: als Laufbursche in einer Buchhandlung, als Volontär im neuen Stadttheater, wo seine Mutter inzwischen Souffleuse war, als Statist und als Kleindarsteller in einer Freilichtaufführung vor der Klosterruine Eldena. Süchtig nach Literatur, nach Geschichte und Philosophie, gelang es dem Schulabbrecher schließlich sogar, als Gasthörer der Greifswalder Universität an Vorlesungen teilzunehmen. Und da er beim Direktor der Universitätsbibliothek einen Stein im Brett hatte, erfüllte sich sein größter Traum: Man schloss ihm den Tempel auf! Der Schmetterling schwirrte auf und davon …

Im Café Koeppen steht nicht nur Koeppens »Jugend« im Regal, nicht nur seine Trilogie, es gibt auch Biografien, Broschüren, Bildbände, die vom Leben jenes Mannes erzählen, der sich als Romanfigur empfand und »Monologe gegen die Welt« geführt hat. Die schönste unter diesen Publikationen ist ein ziegelrotes bibliophiles Heft mit einem sehr persönlichen Feuilleton über Koeppens Greifswalder Zeit und schwarz-weißen Fotos der Berliner Fotografin Angelika Fischer, die sich im heutigen Greifswald auf die Suche nach Koeppens einstigen Orten gemacht hat: den Eingang zur alten Universitätsbibliothek, die Buchhandlung, die Klosterruine Eldena vor den Toren der Stadt und stille Winkel auf dem alten Friedhof, wo bis vor einer Weile noch das Grab seiner Mutter lag. Maria Köppen starb 1925 mit vierundvierzig Jahren an einem Hirntumor. Ihren Sohn erreichte die Nachricht in Berlin. Sein letzter Faden zu Greifswald war durchtrennt.

1985 stand Wolfgang Koeppen nach einem halben Menschenleben wieder auf dem Greifswalder Markt. »In meiner Stadt war ich allein«, schrieb er in seiner »Jugend«. »Ich hatte kein Ziel.« Als Junge legte er sich auf die Straße, »lang vor die Türen«, setzte er sich auf die Stufen der Denkmäler »toter Männer«, streckte er sich »ins Gras der Verschönerungen, dem Schutz der Bürger empfohlen«. Der Anlass, dass er nun, fast achtzigjährig, die Stadt besuchte, war eine Lesung im Osten Berlins. Der veranstaltende Verlag Volk und Welt hatte Wolfgang Koeppen einen Wunsch erfüllen wollen. Greifswald, bat er.

Staunend wanderte Koeppen durch die Stadt, lesen wir in jenem Feuilleton, es erschreckte ihn der heruntergekommene Zustand. Doch es gab noch die Hunnenstraße mit ihrem Katzenkopfpflaster. Und noch immer führte sie zum Hafen hinab. Der »Sommerdampfer nach Wiek«, der »Sonntagsdampfer nach Rügen«, die schweren Kähne mit Kartoffeln, mit Heringen, mit Korn – das alles indes gehörte der Vergangenheit an. Und sein Geburtshaus in der Bahnhofstraße 4? Verwahrlost, verfallen.

Es war Günter Grass, der den Abriss in letzter Minute verhinderte. Ein warnender Artikel in der *Ostsee-Zeitung* im Jahr 2000 hatte ihn auf das drohende Ende des Hauses aufmerksam gemacht. Rasch wurden die nötigen Gelder organisiert, eine Stiftung gegründet, für ihren Vorstand gewann Grass Kollegen wie Peter Rühmkorf und Ingo Schramm. Bis auf die Fassade, nur sie konnte gerettet werden, erhielt Koeppens Geburtshaus 2002 ein völlig neues Interieur, hell und einladend und neben dem Café und Archiv ausgestattet mit einer Galerie. Im letzten Raum befindet sich das »Münchner Zimmer«. Nach Koeppens Tod 1996 trat es die lange Reise von Bayern nach Vorpommern an. Angedeutet nur mit ein paar Utensilien wie Schreibtisch, Sessel, Bücherschrank, Schreibtischlampe, Schreibmaschine und Resten seiner Zeitungsmassen – ohne musealen Touch.

Höchst eigenwillige Veranstaltungen finden seither im Koeppenhaus statt, »TresenLesen«, Schreibwerkstätten, Jazz-Abende, Vorträge. Zur Institution wurden die »Greifswalder Koeppentage«, die Jahr für Jahr am Geburtstag des Junikindes starten und sich eine Woche lang mit seinem Schaffen befassen – mit Wolfgang Koeppen, Ehrendoktor der Greifswalder Universität, der in seiner Jugend Greifswald hasste.

Sehnsucht nach Rügen

Caspar David Friedrichs Reiseskizzen

Doch, doch, Sie sind völlig richtig! Oder wollten Sie nicht in die ehemalige Seifensieder- und Lichtgießerwerkstatt, wo der alte Friedrich, Vater Adolf Gottlieb, jenes wachsartige harte Fett namens Talg in riesigen Kupferkesseln kochte und beißender Dampf bis hinaus auf die Greifswalder Gassen kroch? Die Nachbarn um den Kirchplatz von St. Nikolai störte das nicht. Außerdem waren fast alle von ihnen Kunden in Friedrichs Geschäft in der Langen Straße im vorderen Trakt, wo es die Seifen in Form von Muscheln oder Veilchen oder der schwedischen Krone und die Kerzen in verschiedensten Sortimenten zu kaufen gab. 1901 brannten große Teile des Hauses ab. Ein Jammer. Denn dort wurde Caspar David Friedrich 1774 geboren, hatte die Familie gewohnt. Der Nachfolgebau 1902 bekam ein neues Gesicht aus Klinkern in neuzeitlich städtischem Charme.

Und nun also diese Fenster, dieses abgedämpfte Licht – wie in Friedrichs Dresdner Atelier! Beide, das linke und das rechte, exakt so, wie man sie von seinen Sepiazeichnungen kennt: die unteren Flügel nach innen weit geöffnet, aus dem kahlen Raum schweift der Blick hinaus, hohe Schiffsmasten durchziehen den Vordergrund, in der Ferne kleine Boote, Pappeln am Ufersaum. Aber wir sind nicht in Dresden in Caspar David Friedrichs Atelier, sondern in der ehemaligen väterlichen Werkstatt in Greifswald, seit 2004 Sitz des Caspar-David-Friedrich-Zentrums. Herzstück ist ein Raum, der tatsächlich frappierende Ähnlichkeit mit Friedrichs Dresdner Atelier hat. Der Trick: Vor jedem der beiden Fenster, dem linken und dem rechten, hängt ein transparenter Stoff mit Friedrichs Originalfensterzeichnung in entsprechend vergrößertem Format: sein »Blick aus dem linken Atelierfenster« und sein »Blick aus dem rechten Atelierfenster«, beide von 1805. Erst bei näherem Hinsehen erschließt sich das. Und die Originale von Friedrichs Fenstern? Sie befinden sich in Wien, im Kunsthistorischen Museum!

Von Friedrichs Malerfreund Georg Friedrich Kersting sind Interieurbilder überliefert, auf denen außer der Staffelei nur Reißschiene, Dreieck und Lineal im Atelier auszumachen sind – der Künstler mit dem Rücken zum Fenster auf sein Bild konzentriert, von keinem Dekor, keinem Möbel abgelenkt, getreu seiner Maxime: »Schließe dein leibliches Auge, damit du mit dem geistigen Auge zuerst siehest dein Bild. Dann fördere zutage, was du im Dunkeln gesehen, dass es zurückwirke auf andere von außen nach innen.« Einziger Gegenstand im Greifswalder »Atelier«, die Wände weiß getüncht, auf dem Boden knarrende Dielen, ist ein rechteckiger Lichttisch, worin unter

Glas Skizzenblätter von Caspar David Friedrichs Rügenreisen farbigen Abbildungen seiner Rügengemälde gegenübergestellt sind. Mitnichten nämlich hatte sich der romantische Maler, wie manch ein Strandkorbgast noch immer glaubt, mit Pinsel und Farben nach Rügen aufgemacht, um vor Ort die Kreidefelsen auf seine Leinwand zu bannen. Und jenes Kunstwerk selbst, das zum Synonym für Deutschlands größte Insel inklusive ihrer touristischen Vermarktung geworden ist, »Kreidefelsen auf Rügen« (1818), birgt eine Geschichte, die der Rüganer Holger Teschke, intimster Inselkenner, Dramaturg und Regisseur, schaurig schön erzählt: 1815, als Caspar David Friedrich seine dritte Rügenreise antrat, begleitete ihn sein Dresdner Freund, der Münzbuchhalter Friedrich Kummer. Am Königstuhl stiegen sie, bewaffnet mit Stift und Zeichenblocks, zum Ostseestrand hinunter, wo ihnen die Kreide buchstäblich zu Füßen lag. Kummer, sein Name schien Programm, war vor Überschwang nicht zu bremsen, sprang mit einem Satz an den Felsen heran, kletterte in seine glitschigen Schluchten und verschwand. Friedrich schloss sich diesem Wahnsinn natürlich nicht an, nur zu gut wusste er um die Tücken, um die Gefahren. Sein Freund wollte aber nicht auf ihn hören. Zeit und Stunde vergingen, Friedrich hatte etliche Skizzen im Gepäck und wähnte seinen Begleiter längst am Ziel auf dem Hochuferpfad, als er plötzlich flehende Rufe vernahm, die nur von Freund Kummer stammen konnten. Geistesgegenwärtig suchte Friedrich Hilfe, was in Ermangelung drahtloser Kommunikationsmöglichkeiten jedoch bis zum Einbruch der Dunkelheit andauerte. Unterdessen hing der Münzbuchhalter wenig romantisch zwischen Kreidewand und Uferüberhang, erstarrt in Todesangst. Eine Seilschaft beherzter Insulaner hievte den Mann schließlich im Schein einer Laterne mit Ach und Krach hoch. Auch heute gibt es immer wieder Witzbolde, die sich einbilden, die Kreide bezwingen zu können. Helikopter müssen dann Lebensretter spielen. Ein teurer Spaß, aber günstiger als eine Beerdigung.

Bei Johann Gottfried Quistorp, dem »Akademischen Zeichenmeister« an der Greifswalder Universität, hatte Caspar David Friedrich sein Handwerk gelernt. Quistorp, ein Pfarrerssohn aus Rostock, war in der Studentenschaft überaus beliebt und hatte die Aufgabe, angehenden Medizinern und Botanikern das Zeichnen von Präparaten beizubringen. Studenten der Baukunst und Ingenieurwissenschaften führte er zudem in ihre künftige Berufspraxis ein. Denn Quistorp war zugleich auch Architekt, tonangebend sogar in Greifswald zu jener Zeit. So stammt von ihm beispielsweise das heutige Pommersche Landesmuseum. Quistorps Kurse speziell im Freihandzeichnen und das Arbeiten nach Modellen waren rappelvoll, auch von Gasthörern anderer Disziplinen. Vier Jahre lang hatte Caspar David Friedrich sein Können bei Quistorp geschult, bis er 1794 auf dessen Empfehlung an die Kopenhagener Kunstakademie gegangen war. 1798 wechselte er an die Dresdener Akademie. Die Landschaftsmaler der Elbestadt reizten ihn, und unbedingt wollte er die berühmten Gemäldesammlungen kennenlernen.

Seine erste Rügenreise trat Friedrich 1801 an, als er von Dresden aus seine Familie in Greifswald besuchte. Die Insel zog damals eine ganze Generation von Dichtern, Denkern, Komponisten, Künstlern in ihren Bann – Ernst Moritz Arndt, Henriette Herz, Adelbert von Chamisso, Karl Friedrich Schinkel, Clara Schumann oder die Wunderhornknaben Clemens Brentano und Achim von Arnim. Sie alle waren ergriffen von der gewaltigen Natur, ihrer Wildnis, den Buchenhallen, den schroff abfallenden Felsküsten, dem blauen, zuweilen unheimlichen Meer. Schon 1796 war auch Wilhelm von Humboldt nach Rügen gereist, in seinem Tagebuch schwärmt er von einem Ausflug nach Stubbenkammer vom »schauervoll heiligen« grünen schattigen Wald. Und Friedrich Preller d. Ä., dessen Leidenschaft Italien galt, wo er sich, ermuntert von Goethe, mehrere Jahre lang zum Malen aufgehalten hat, befand nach einer Rügenreise 1837, dass er in Zukunft »wohl nur hier« seine Studien machen werde, denn reicher habe er nie ein Land gesehen, »selbst Italien nicht!« Die mystische und noch kaum entdeckte Insellandschaft ließ auch Caspar David Friedrich, nachdem er sie 1801 zum ersten Mal gesehen hatte, nicht mehr los. Und während er seine ersten Skizzen fertigte, fühlte er, wie wichtig es für ihn war, beim Zeichnen allein zu sein, um alles »vollständig schauen« zu können. »Ich muss mich dem hingeben, was mich umgibt, mich vereinigen mit meinen Wolken und Felsen, um das zu sein, was ich bin.«

Im Greifswalder »Atelier« wird eine handverlesene Auswahl von Friedrichs Rügenskizzen präsentiert, in seinem typischen Stil aus feinsten Konturen, Licht und Schatten und filigranen Schraffuren, jedes Blatt mit genauem Datum versehen, worauf er bei seinen Gemälden weitgehend verzichtete. Die meisten Skizzen sind in Sepia, jener rotbraunen Tusche, die sich lasierend über die Zeichnungen legt, meisterhaft gelungen im »Blick auf Arkona mit aufgehender Sonne« (um 1803) – das Werk könnte im Anschluss an seine Rügenreise im Jahre 1802 geschaffen worden sein. Indes haben Forschungen erbracht, dass sich Caspar David Friedrich weder streng an Zeiten noch an Orte hielt, sondern sich bei jedem neuen Bild aus dem Fundus seiner Skizzen heraussuchte, was ihm ästhetisch und vom Motiv her gefiel. Und genau diese Montagetechnik vermittelt das Greifswalder Zentrum in seinem »Atelier«. So zum Beispiel auch in Friedrichs Bleistiftzeichnung »Blick zur Insel Vilm« (1801). Jene urwüchsige Insel vor Rügen, die er zunächst in sparsamen Umrissen festgehalten hat, zeichnet er 1809 mit Sepia voller Details, bis er sie 1810 auf seinem berühmten Ölgemälde »Landschaft mit Regenbogen« mit ungeheurer Tiefe und Leuchtkraft ausgestaltet.

Zu einer Art Polyglott der Rügenromantiker

wurden damals Johann Jacob Grümbkes »Streifzüge durch das Rügenland« (1806) – eine hymnische und zugleich durchgeistigte Inselbeschreibung, die gewiss auch Caspar David Friedrich angesprochen hat. Vielleicht hatte er das Buch des fast Gleichaltrigen, der auf Rügen geboren, in Greifswald zur Schule gegangen und später als Privatgelehrter der Jurisprudenz auf die Insel zurückgekehrt war, auf seinen Rügenwanderungen sogar in seiner Tasche stecken. Denn zur Orientierung auf der zuweilen urwaldähnlichen Insel, die damals noch nahezu menschenleer war, bot es mit seinen Wegesangaben nützliche Hilfen. Zudem haftete den Schilderungen eine Ehrfurcht vor der Schöpfung an, wie sie auch Friedrich besaß, und wie der »Bildner« suchte Johann Jacob Grümbke auf der »Zinne dieses blendenden Riesentempels, vor diesem ungeheuren Lasierspiegel des Meeres« die Stille, damit sich das »Gemüt sammle«, seine »innersten Tiefen belausche« und eindringe in das »verborgene Leben der unendlichen Welt«. Schon früh begann Caspar David Friedrich, die Horizontlinie auf seinen Bildern immer tiefer zu setzen, als wollte er mit dem Jenseits Tuchfühlung aufnehmen. »Der Mönch am Meer« (1808) – auch das wird im Greifswalder »Atelier« anhand von Skizzen illustriert – ist der radikalste Ausdruck dafür. Die in die Finsternis fließenden Linien fuhren den Zeitgenossen unter die Haut. »Ein Wind weht darüber hin und deine Spur wird nicht mehr gesehen«, notierte Friedrich dazu in seinem Tagebuch, verriet aber nicht, an welchem Flecken von Rügen er zu diesem erregenden Bild der Romantik inspiriert worden war. Rund fünf Sechstel der Fläche hatte Caspar David Friedrich dem Himmel geschenkt – eine »Uferlosigkeit«, kommentierte 1810 Heinrich von Kleist, »als ob einem die Augenlider abgeschnitten wären«.

Sieben Rügenreisen hatte Caspar David Friedrich im Laufe seines Lebens unternommen, die letzte im Alter von zweiundfünfzig Jahren. Sie diente vor allem seiner Erholung, nachdem er 1824 an der Dresdner Kunstakademie zum außerordentlichen Professor ernannt worden war, aufgrund interner Querelen aber keine Lehrbefugnis erhalten hatte. Gesundheitlich angeschlagen, arbeitete Friedrich nur noch wenig auf Öl. Und aus seinem Vorhaben, ein Werk mit Stichen von Rügen herauszubringen, wurde nichts mehr. Die Aquarelle, die er für diesen Zweck malte, ungefähr vierzig vermutet man, sind in alle Winde zerstreut.

Caspar David Friedrich weilte am liebsten auf Rügen, sobald der Frühling nahte und das Eis vor der Küste brach. Doch er liebte auch den Spätherbst, wenn die Stürme tobten. Manchmal machten sich die Fischer um den Maler Sorgen, wie um einen, der in der Flut sein Grab suchen wollte. So schrieb sein Freund, der Arzt und Naturphilosoph Gotthilf Heinrich von Schubert. Und wenn der Sturm am heftigsten fauchte und die schäumenden Wogen ans Ufer schlugen, erschien Caspar David Friedrich wie ein Eremit, der sich an einer solchen »gewaltigen Lust der Augen« nicht sattsehen kann.

Wertvolle Schriftblätter und Zeichnungen des jungen Friedrich aus seinen Unterrichtsstunden bei Johann Gottfried Quistorp liegen im Pommerschen Landesmuseum gut behütet unter Verschluss. Öffentlich ausgestellt ist sein Aquarell »Der Marktplatz von Greifswald mit der Familie Friedrich« (1818) – ein ungewöhnlich anmutendes Biedermeieridyll. Drei Brüder Caspar Davids werden uns darauf vorgestellt: mit Zylinder und Zollstock der Tischler Christian – er schnitzte das Kirchengestühl für den Greifswalder Dom St. Nikolai; mit Schürze der Seifensieder- und Lichtgießer Johann Heinrich – er besaß am Markt eine eigene Werkstatt; mit Kutscherpeitsche Johann Adolph, der wie Johann Heinrich in die väterlichen Fußstapfen getreten war – er leitete das Stammeshaus.

Im Keller, wo der alte Friedrich, Vater Adolf Gottlieb, oft Tag und Nacht am Talgkochen für die Seifen und Kerzen war, warteten die Kessel über Jahrzehnte geduldig auf eine neue Ära. Nun ist sie gekommen. Das Caspar-David-Zentrum nahm in den historischen Mauern die Lichtgießerei wieder auf und demonstriert Interessierten das schöne alte Handwerk. Natürlich nur in begrenztem Rahmen. Und anders als damals strömt Bienenwachsduft bis in die Greifswalder Gassen hinaus.

Doch, doch, Sie sind völlig richtig!

In einer schönen Dichtung Musik und Musik in einem schönen Bilde

Über den Wolgaster Schiffsbauersohn Philipp Otto Runge

Dar wöör maal eens een fischer un syne fru. Und dieser Fischer und seine Frau, die Ilsebill, die lebten zusammen in einer kleinen Fischerhütte, dicht an der See, und der Fischer ging alle Tage dorthin und angelte – *un he angeld un angeld.* So saß er wieder einmal mit seiner Angel an der See und sah beständig in das klare Wasser hinein – *un he seet un seet.* Da ging die Angel auf den Grund, tief nach unten, und als er sie heraufholte, zog er einen großen Plattfisch heraus, *eenen grooten butt,* der sagte zu ihm, *hör mal, fischer, ikk bidd dy, laat my lewen,* und der Fischer erfuhr, dass der Butt gar kein richtiger Plattfisch ist, sondern ein verwunschener Prinz, *wat helpt dy dat, da du my doot maakst?* Der Fischer sagte zum Butt, dass er so viele Worte nicht zu machen brauche, einen Plattfisch, der sprechen kann, hätte er doch gewiss schwimmen lassen und setzte ihn also ins klare Wasser zurück. *Do güng de butt to grund* und zog einen langen Streifen Blut hinter sich her. Der Fischer stand auf und ging zu seiner Hütte zurück. Und als er seiner Frau, der Ilsebill, erzählte, dass der Fisch, den er gefangen hatte, ein verwunschener war, weshalb er ihn wieder ins Wasser gesetzt hatte, nahm das Unheil seinen Lauf. Denn seine Frau, die Ilsebill, wollte nicht so, wie er es wollte. Sie wollte, dass ihr Mann dem Plattfisch Wünsche abtrotzte, unbotmäßige allesamt. Sie schimpfte auf die kleine Fischerhütte, verlangte ein Schloss. Der Fischer mochte seiner Frau nicht entgegen sein, ging los und rief *Manntje! Manntje! Timpe Te! Buttje! Buttje, in der see!/ Myne fru de Ilsebill/ Will nich so as ik wol will.* Der Butt kam angeschwommen und fragte: *Na, wat will se denn?* Der Fischer trug den Wunsch seiner Frau vor, und noch im selben Moment war er in Erfüllung gegangen. Doch Ilsebill war das nicht genug, sie schickte ihren Mann wieder und wieder los. Bei jedem Mal verfärbte sich die See, erst grün und gelb, bald violett und schwarz, dann gärte sie, roch sie verfault, schließlich war die See schlammig und dick, und ein Wirbelwind raste über sie hinweg, dass das Wasser sich drehte, und den Fischer kam ein Grauen an, dennoch rief er: *Buttje! Buttje, in der see!/ Myne fru de Ilsebill/ Will nich so as ik wol will.* Ein Schloss besaß seine Frau, die Ilsebill, inzwischen schon, sie war König, sie war Kaiser, sie war Papst, jetzt wollte sie sein wie Gott! Felsbrocken stürzten in die See, warfen kirchturmhohe Wellen, der Fischer und seine Frau saßen wieder in ihrer kleinen Fischerhütte. *Door sitten se noch bet up hüüt un düssen dag*, ja, da sitzen sie noch bis zum heutigen Tag – wie es Philipp Otto Runge im Pommerschen Platt, das er perfekt sprach, aufgeschrieben hat.

Die Brüder Grimm, beide erheblich jünger als er, Jacob neun Jahre, Wilhelm acht, brachten das Märchen »Vom Fischer un syner Fru« 1812 in der ersten Ausgabe ihrer »Kinder und Hausmärchen« heraus. Philipp Otto Runge erlebte diesen Erfolg nicht mehr, 1810 war er gestorben – mit nur dreiunddreißig Jahren. Doch er selbst hatte noch den beiden Bibliothekaren, die während ihres Jurastudiums in Marburg von dem Rechtshistoriker Carl Friedrich von Savigny in die Wissenschaft des Edierens eingewiesen worden waren, sein Märchen anvertraut. Wusste er doch um ihre Ambitionen, die »Poesie des Volkes« zu bewahren, da diejenigen, die Märchen festhalten, schon damals, man höre und staune, »immer seltner« geworden waren. Die Brüder Grimm legten strenge Maßstäbe an ihre Sammlung an, hatten genaue Vorstellungen davon, was einen gelungenen Erzählstoff ausmacht. Von Runges Märchen waren sie wegen der »trefflichen Auffassung« sehr angetan und nahmen es als »Muster« für das, hieß es in ihrem Vorwort, was auf ihrem »Feld« künftig zu erwarten sei. Grimms Märchen brachen alle Rekorde, wurden zum weltweit meistgelesenen und meist verbreiteten Buch der deutschen Kulturgeschichte. Günter Grass angelte sich den Plattfisch für seinen »Butt« aus Runges Originalvorlage heraus und fabulierte darüber, wo der Wolgaster Schiffsbauersohn das Märchen wohl aufgeschnappt haben mag: vielleicht auf Rügen von jener alten Frau, die auf der kleinen Insel Öhe wohnte, doch bei günstigem Wetter zum

Markttag in den Fährhafen von Schaprode an der zerklüfteten Westküste gerudert kam …?

Als Kind schon fiel Philipp Otto Runge durch seine Begabung auf. Er schrieb nicht nur, er zeichnete auch, zum Beispiel die Wolgaster Backsteinkirche St. Petri, von deren gedrungenem Turm man über die Dächer der alten Seehandelsstadt, die einst zur Hanse gehörte, am Unterlauf der Peene bis zur Insel Usedom schaut. Philipp Otto Runge beherrschte schon früh auch den Scherenschnitt, jenen Kunstzweig und geselligen Brauch, der damals groß in Mode war. Von seiner ältesten Schwester Maria Elisabeth guckte er sich ab, wie Papier und Schere zu handhaben waren, seine Mutter hatte ihm Ausdauer und Geschick beigebracht. Auf die Weise wurde die Schere, schrieb Philipp Otto später, »nachgerade weiter nichts mehr als eine Verlängerung meiner Finger«, entstanden ganz von allein schönste Lichtmanschetten, Blumenkränze, Tapetenborten, Blattranken und Stickvorlagen.

Schon im Alter von elf Jahren schuf er Porträts aus dem Familienkreis im Schattenriss. Mit »auffallender Laune« wagte er sich an Scherenschnitte von Tieren, erinnert sich sein ältester Bruder Daniel. Und weil Philipp Otto jede Regung in der Natur mit allen Sinnen wahrnahm, gelangen ihm spielende Katzen oder äsende Rehe, Schafe, Hunde, krähende Hähne oder lauernde Füchse derartig lebendig, als wären sie den umliegenden Wiesen und Gehöften entsprungen. Auch zarteste Gräser und Beerensträucher, Blüten von Feuerlilien, Tulpen, Nelken, Rosen, um die man das Summen von Bienen zu vernehmen glaubte, fertigte er als »Papierschnitzwerk« an. Bis ins Erwachsenenalter frönte Runge dieser Leidenschaft.

Der strenge Vater, Daniel Nikolaus Runge, betrachtete das künstlerische Talent mit Skepsis, strebte als Reeder für seinen Spross eine kaufmännische Laufbahn an, wohingegen die schöngeistige Mutter, Magdalena Dorothea, ihrem neunten Kind (elf Kinder hatten Runges insgesamt) in einem innigen Verhältnis zur Seite stand, es unterstützte, wo sie nur konnte, zumal Philipp Otto von Geburt an körperlich schwach und anfällig war. Von trockenem Husten und beängstigendem Fieber geplagt, musste der Junge wochenlang das Bett hüten. Leichenblass lag er zuweilen da. »Als die Mutter mich sah, ergriff mich eine schreckliche Angst, ich fiel ihr heftig um den Hals und drückte sie in der Todesangst …« Der Rektor der Wolgaster Knabenschule, Ludwig Gotthard Kosegarten, sorgte sich um Philipp Otto, schaute oft vorbei und gab ihm, sofern es der Gesundheitszustand erlaubte, Hausunterricht. Der Theologe und Dichter, der ab 1806 als Pastor auf Rügen wirkte und im Fischerdorf Vitt seine legendären »Uferpredigten« gehalten hat, schätzte Philipp Otto Runge, erkannte seine Fähigkeiten, blieb ein lebenslanger Freund.

Nach langen schweren Krankheitsjahren verließ Runge mit achtzehn Jahren Wolgast und zog nach Hamburg zu seinem Bruder Daniel, der dort eine Kommissions- und Speditionshandlung besaß. Dem Votum des Vaters folgend, trat er bei ihm eine Kaufmannslehre an. Indes verlangte Daniel nicht, dass sich Philipp Otto von morgens bis abends mit Zahlenkolonnen der Bilanzbuchhaltung befasste. Vielmehr setzte er sich für sein künstlerisches Fortkommen ein, finanzierte ihm tägliche Zeichenstunden und erreichte endlich aus der fernen Heimat die Einwilligung zum ersehnten Kunststudium. »Lieber Vater, ich danke Ihnen von ganzem Herzen«, schrieb Philipp Otto 1798 postwendend nach Wolgast, »wenn man das ergreift, wozu einen die Natur treibt, so thut man seine Pflicht.«

Von Kopenhagen, Dresden und zum Schluss wieder Hamburg kehrte Runge mehrere Male nach Wolgast zurück. Zuerst 1801, als er in Greifswald auch Caspar David Friedrich kennenlernte. Um diese Zeit lebte Runges Familie nicht mehr hinter der Stadtmauer am Hafen, wo Philipp Otto am 23. Juli 1777 geboren worden war, sondern in der Burgstraße, dem Quartier der wohlhabenden Wolgaster Kauflaute. Zu einem solchen war Vater Runge mit seinem Schiffsbau und zusätzlichem Holzhandel avanciert. Und so konnte er sich Grund und Boden leisten. Das großzügige Haus in der Burgstraße 8 mit seiner Barockfassade und dem originalen Boden aus Gotlandplatten in der Eingangshalle gibt es noch. Ebenso das Nachbarhaus, das sich Philipp Ottos Bruder Jacob im Jahre 1800 mit Kontor, zwei Wohnetagen und Speicher erbauen ließ. Erstaunlich, dass sein Stralsunder Fayenceofen noch lebt! Und mindestens so erstaunlich, dass auch die Runge'sche Gartenlaube von 1763 auf der Rückseite des Doppelgrundstücks noch existiert. Hier werkelt seit einer Weile ein Wolgaster Unikum: der weithin bekannte Grafiker Clemens Kolkwitz. Eine ausrangierte Wäschemangel, die er im Keller fand und die wohl ein ganzes Jahrhundert auf dem Buckel hat, funktionierte der ehemalige Kantor in eine Tiefdruckpresse für seine Radierungen um. Jeder, der zu ihm hineinstolpert, wird mit den Worten empfangen: »Gestatten, Runge!«

Karawanen von Ostseeurlaubern auf dem Weg über die Peenebrücke nach Usedom ziehen am schönsten Ort in der Stadt vorbei: dem Geburtshaus von Philipp Otto Runge. Ja, auch das lebt noch! Bis zum letzten Akt des deutschen Historiendramas 1989 hatten in den kleinen niedrigen Räumen zwei Familien gewohnt. Höllisch passten sie darauf auf, dass die barocken Türen und die Holzdielen von 1760 mit den originalen Scheuerleisten unversehrt blieben. Dennoch war eine Grundsanierung vonnöten, an die sich die Frage anschloss: Was tun mit dem Haus? Dass es als Museum genutzt werden sollte, war von Anfang an klar. Ein nicht unerhebliches Problem bestand jedoch in dem Fakt, dass es in Wolgast kein einziges Gemälde von Philipp Otto Runge gab, weder in privatem Besitz noch in der »Kaffeemühle«, dem historischen Museum der Stadt. Der Großteil von Runges Werk befindet sich in der Hamburger Kunsthalle. Schon 1905 war dessen erster Direktor, Alfred Lichtwark, nach

Wolgast gepilgert, um die noch auffindbaren Schätze einzukassieren, wie die Wolgaster Kunsthistorikerin Barbara Roggow erzählt. Zweites Problem: Auch Möbel und sonstige Einrichtungsgegenstände gab es nicht. Für das geplante Rungehaus in der Kronwiekstraße am Wolgaster Hafen reiste Barbara Roggow darum nach Kassel, um sich im Brüder-Grimm-Museum und dem Tapetenmuseum nach Anregungen umzuschauen. Eine weitere Reise führte sie ins Goethehaus nach Weimar. Immerhin verband Runge mit dem Geheimrat am Frauenplan seinerzeit eine intensive Korrespondenz, obwohl die erste Kontaktaufnahme eher brüsk abgelaufen war: 1801 hatte Philipp Otto Runge nach seiner Kopenhagener Kunstausbildung an einer Preisaufgabe des Weimarer Künstlerkreises teilgenommen. Das Thema lautete, eine Szene aus Homers Epos »Ilias« zeichnerisch darzustellen. Runges Idee fiel im heiligen Gremium durch, wurde mit dem Kommentar »unrichtig und maniriert« abgelehnt. Der Einreicher solle sich gründlicher mit der Antike befassen. Diese Belehrung missfiel dem Vierundzwanzigjährigen. »Wir sind keine Griechen mehr! Wir können das alles schon nicht mehr so fühlen!« Runge verfolgte andere Ziele, als die alten Meister zu kopieren, arbeitete an seinem großen Tageszeiten-Zyklus. Davon hatte Goethe Kenntnis genommen und urteilte »zum Rasendwerden schön und toll zugleich«. Sein Interesse an dem jungen Künstler war entflammt. Und als er 1806 dessen Farbenlehre in den Händen hielt, schrieb er an Philipp Otto Runge, wie angenehm es ihn dünke, »unter den Gleichzeitigen Gleichgesinnte nennen« zu können. Für 1808 war in Weimar ein Treffen der beiden Farbenlehrer angedacht, wozu es aber nicht kam, da Philipp Otto Runge abermals schwer erkrankt war.

Als Barbara Roggow Weimar besuchte, fiel ihre Entscheidung zur Gestaltung des Rungehauses in Goethes Gartenhaus. 1886 hatte man es als Gedenkstätte eingerichtet. Nicht ein einziges Stück allerdings stammte aus Goethes Inventar. »Dem Publikum wurden also jahrzehntelang falsche Tatsachen vorgegaukelt! Absolut unmöglich für das Rungehaus!« Konsequenz für Wolgast: Das Rungehaus blieb leer. Fast jedenfalls. Zitate von Philipp Otto Runge statt langatmiger Texttafeln lassen beim Begehen der Räume, in denen früher Küche, Wohn- und Esszimmer, Schlafzimmer, Kinderzimmer waren, Ausschnitte aus Runges Leben sichtbar werden. Zum Beispiel von seinem Wolgaster Aufenthalt 1806, der zunächst nur für ein paar Wochen vorgesehen gewesen war, am Ende aber über ein Jahr andauerte. Mit seiner Frau Pauline und seinem erstgeborenen Sohn, Stammhalter Otto Sigismund, hatte er bei seinem Bruder Jacob in der Burgstraße gewohnt. Runges Eltern gingen damals bereits auf die siebzig zu. Ein Ölgemälde, das die beiden eingehakt zeigt, im Hintergrund Vaters Werft und Holzhof, hatte Philipp Otto seinen Geschwistern und sich »zum Andenken« damals gemalt. Wie alle anderen präsentierten Gemälde ist auch dieses lediglich eine Reproduktion, »bewusst ohne Rahmen hinter Glas, zehn Zentimeter von der Wand entfernt in speziellen Halterungen«, erklärt Barbara Roggow, »damit das für jeden sofort erkennbar ist«. Als einzige Reproduktion nicht in der Originalgröße hat die Rungeliebhaberin die »Heimkehr der Söhne« für das Geburtshaus ausgesucht. Sechsundvierzig mal sechzig Zentimeter misst das Format, wie es Philipp Otto Runge mit Feder und Pinsel in Grau und Schwarz ausgeführt hat. »Er hatte aber vor, es in Öl zu malen, zwei mal drei Meter groß, als Wandbild für das Kaminzimmer in Jacobs Haus!« Vor der Kulisse der Runge'schen Gartenlaube, deren Fenster weit offen stehen, ist die ganze Familie abgebildet, freudig gestimmt, festlich gekleidet, weil Philipp Otto und Daniel nach Wolgast zurückgekehrt waren. »Mich hat immer gepiekt«, sagt Barbara Roggow, »dass dieses Vorhaben nie angemessen gewürdigt wurde.« Im Rungehaus wird das nun nachgeholt, indem das Original auf eben jene zwei mal drei Meter ausgedehnt worden ist – ein enormer Effekt. Denn viel näher als in der Vorstudie teilt sich mit, was Harmonie und Zusammenhalt, Treue und Würde in der Familie Runge bedeuteten. So hatte sich besonders Daniel wahrhaft fürsorglich darum gekümmert, dass Philipp Otto seine anspruchsvollen Projekte verwirklichen und trotzdem Pauline und die bald drei Kinder ernähren konnte. Das vierte Kind kam am 3. Dezember 1810 zur Welt, einen Tag nach dem Tod seines Vaters, Philipp Otto

Runge. Der Junge wurde auf den Namen Philipp Otto getauft.

Werden und Vergehen, der Morgen, der Abend, die Nacht, ein Tag, ein Jahr, eine Ewigkeit – das waren Runges Themen. Sind die Themen im Rungehaus. Exponate zum Anfassen würden hier nur stören, aufgesetzte Romantik ohnehin. Das Symbolhafte ist es, was den schönsten Ort in der Stadt so anziehend macht. Und das, was Philipp Otto Runge in die Worte gefasst hat: »In einer schönen Dichtung muss durch Worte Musik sein, wie auch Musik sein muss in einem schönen Bilde.«

Dank

In geografischer Reihenfolge meiner Reise zu den Backsteinstädten danke ich zunächst in Lübeck Eva Mura, die mir Einlass in die öffentlich sonst nicht zugängliche Welt der Niederegger Marzipanproduktion gewährte und zeigte, woraus die Mandelspezialität gezaubert wird. Beim Lübecker Nachbarn von Günter Grass, dem Weinhändler Kurt Thater, hatte ich das Vergnügen, edle Tropfen zu verkosten, die er zusammen mit dem Literaturnobelpreisträger für eine besondere Edition ausgewählt hat. Ohne die wertvollen Anregungen von Doreen Rump und Doreen Heidenbluth in Wismar wäre mir vieles zur Geschichte der Alten Löwenapotheke verborgen geblieben. Zudem vermittelten sie mir die Kontakte zu Dr. Nils Jörn, der mir mit großer Hilfsbereitschaft Archivalien zur Verfügung stellte, und Dr. Tilo Schöfbeck in Schwerin, der mir von seinen »Ausgrabungen« aus der Zeit der Hanse erzählt hat. Auch ihnen beiden gilt mein besonderer Dank. Desgleichen in Rostock Susanne Thorenz. Sie schenkte mir viele Stunden Zeit und ließ mich in alten Korrespondenzen ihres Norddeutschen Antiquariats lesen. Dank Eckhard Wiese von der Orgelkommission der St. Marienkirche in Stralsund durfte ich im Herbst 2007, als die Orgelpfeifen gerade intoniert wurden, was nur bei absoluter Stille möglich ist, einen ersten Blick auf

Friedrich Stellwagens Meisterwerk werfen. Die fertig restaurierte Orgel zeigte mir in diesem Frühjahr Martin Rost, der Kantor von St. Marien. Abends lud er mich zu einem bewegenden Orgelkonzert ein: dem Vorspiel eines Meisterkurses. Auch dafür nochmals meinen ausdrücklichen herzlichen Dank! In Greifswald, meiner letzten Reisestation, versorgte mich Susanne Papenfuß im Caspar-David-Friedrich-Zentrum mit einer Menge nützlicher Anregungen und Materialien, die mir ein neues Verständnis des romantischen Malers ermöglichten. Danken möchte ich zum Schluss unserem alten schwarzen Kater, der oft bis in die Nacht auf meinem Schreibtisch lag und mich mit seinem behaglichen Schnurren zu schöpferischen Gedanken inspiriert hat. Schade, dass er das fertige Buch nicht mehr miterlebt hat.

Kristine von Soden
im Mai 2009